中国の歴史★現在がわかる本

★第三期★ 3

17〜19世紀の中国

監修／西村成雄　著／吉澤誠一郎

かもがわ出版

はじめに

2016年の「日中共同世論調査＊」によると、中国人が日本に対していだく感情が少し改善されてきたことがわかりました。この背景には、2016年に入ってから日本を訪れる中国人観光客が前年比で3割以上増加し、彼らが「日本人は礼儀正しくマナーを重んじる」と感じ、また、「日本の環境は美しく自然が豊かである」ことに好印象をもっていることがあげられています。

また、中国の子どもたちのあいだでは、ドラえもんやピカチュウなど、日本の漫画やキャラクターが大人気。子どものころから好きだった漫画を生んだのが日本だということで日本にやってくる人たちもいます。そもそも中国の「漫画」という言葉自体、日本語から中国語になったものなのです（➡第一期1巻P28）。

2009年、中国南京にある「侵華日軍南京大屠殺遇難同胞紀念館（南京大虐殺記念館）」で、日本漫画家協会の漫画家たちの戦争体験を描いた原画展覧会が開かれました。その際、日本人漫画家の絵を見て、日本軍が中国人を何十万人も屠殺（虐殺）してきたとばかり思っていたが、日本の人びとも戦争で苦しんでいたことをはじめて知ったと語る中国人が非常に多くいたといいます（来場者数240万人）。

写真：石川好

★

ところが、同じ世論調査で日本人の中国に対するイメージは悪くなっています。その理由としては「尖閣諸島周辺の日本領海や領空をたびたび侵犯しているから」「中国が国際社会でとっている行動が強引だから」などがあげられています。しかし、このような今だからこそ、日本人は、中国・中国人についてもっと理解し、どうしたらもっとよい関係をつくっていけるのかを考えなければなりません。でも、そんなことは、国や政治家の考えることで、自分たちには関係ないと感じる人も多いのではないでしょうか。

★

東日本大震災のとき、中国もすぐに救援隊を派遣してくれたことは、よく知られています。しかし、1923年の関東大震災のときにも、中国から支援を受けていたこと（➡第一期1巻P16）は、今の日本人はほとんど知りません。もっともっと中国や日中関係を知って、よかったことを生かし、よくなかったことを反省していかなければなりません。しかし、日本人が中国史について学ぶのは、中国大陸の北のほうからモンゴル人が攻めてきて、中国を支配し、元という王朝を建てたとか、北方民族に支配されていた漢民族が自らの王朝を復活させたなどというように、おもに中国大陸の王朝交代の歴史がふつうです。また、豊臣秀吉と明王朝、江戸幕府と清王朝というように国（あるいは王朝）、支配者の視点から日中関係史を勉強します。

★

国と国との関係で、王朝が交代したからといって、人びとの日常生活が急激に変化するわけではありません。一方、一般市民の運動が国を動かすことがあるのは、世界の例をあげればきりがありません。過去の中国でも、そうしたことがありました。近年でも、そのような動きが現にあります（➡第一期3巻）。だからこそ、日中関係をもっとよい関係にしていくにはどうしたらよいか、自分たち自身で考えなければならないのです。

こうした考えから、一般によく見かける王朝交代史や、支配者どうしの日中関係史でない、これまでにないシリーズにするために、専門の研究者11人が集まり企画したのが、このシリーズ「中国の歴史・現在がわかる本」です。

第一期	第二期	第三期
1　20世紀前半の中国	紀元前から中国ができるまで	13～14世紀の中国
2　20世紀後半の中国	2度目の中国ができるまで	14～17世紀の中国
3　21世紀の中国	13世紀までの中国	17～19世紀の中国

★

「中国の本というのは漢字ばかりでむずかしそう」と思う人もいるかもしれませんが、漢字の国・中国の歴史の本となれば、漢字が多くなってもしかたありません。しかも、今回集まったのは、中国史の専門家です。文章も、むずかしいところがありますが、がんばって読んでください。今、日本と中国をふくむ世界の情勢は、大きな転換点をむかえています。ぜひ、今後の日中関係を考えるのに役立てていってください。

＊「言論NPO」と「中国国際出版集団」による「第12回日中共同世論調査」。

もくじ

1. 英雄ヌルハチの登場 ……………………… 4
2. 北京を都とする清王朝 …………………… 6
3. 清の広域支配 ……………………………… 8
4. イエズス会士と清の宮廷 ………………… 10
5. 清の対外関係 ……………………………… 12
   もっと知りたい！ 江戸時代の日清関係 …… 14
6. 社会の変化と財政難 ……………………… 16
7. 2つのアヘン戦争 ………………………… 18
8. 太平天国の興亡 …………………………… 20
9. 幕末・明治の日清関係 …………………… 22
10. 経済の新展開 …………………………… 24
    もっと知りたい！ 華僑の時代 …………… 26
11. 再建される清の統治 …………………… 28
12. 日清戦争と体制改革の試み …………… 30

この本に出てくる地名地図 ………………… 32
17〜19世紀の中国の年表 …………………… 33
ことがらさくいん …………………………… 34
地名さくいん・人名さくいん ……………… 35

監修のことば

「中国の歴史・現在がわかる本」のシリーズ全9巻は、古代から現代までの中国の歴史を軸に、日本との関係も視野に入れて、その山並みを一望のもとにとらえようとしています。21世紀を担う若き世代のお互いの理解をさらに深める機会となるように、新しい視点と方法による鳥瞰図の作成を試みています。

その意味で、現代に生きる私たちのお互いの交流を通して、双方の歴史をより主体的にまた客観的に再認識しようという、若き世代の新たな挑戦につながる契機となるよう期待しています。

西村成雄

ヌルハチとホンタイジ（→P6）の時代に建てられたアイシン国（清）の宮殿「瀋陽故宮」（遼寧省瀋陽市）。清が北京を占領（→P7）してからも、離宮としてつかわれた。現在は博物館として公開され、2004年には世界遺産に登録された。写真は瀋陽故宮のなかでもっとも高い3階建ての鳳凰楼。

ヌルハチ

1 英雄ヌルハチの登場
（16世紀後半〜17世紀はじめ）

16世紀、中国東北部にくらす女真の人びとが、明との交易を通じてじょじょに力をつけていきます。17世紀には、女真の人びとを統一して新しい国を建てる英雄が登場しました。

16世紀の好景気

16世紀、ユーラシア大陸東部は大きな変動をむかえていました。海を通じた人とものの移動がさかんで、これにインド洋方面から来たポルトガル人などの西洋人が加わりました。また、アメリカ大陸の鉱山を開発したスペイン人が、マニラ（現在のフィリピンの首都）を拠点として、銀をもたらしました。この銀によって、明の絹織物や陶磁器を購入し、メキシコを経てヨーロッパにまで運ぶ貿易がさかんになりました。日本でも銀山が開発されて、そこでとれた銀で支払う対外交易が勢いを増しました。中国大陸にもたらされた銀は、明の経済を活性化しました（→第三期2巻P24、25）。

このように、インド洋・太平洋・大西洋を通り道として、ユーラシア大陸とアメリカ大陸が結びつくような交易路ができました。現代にまで続く世界の一体化（グローバリゼーション）は、この時代を出発点としていると主張する研究者もいます。

日本では戦国時代を経て豊臣秀吉（1537〜1598）の全国統一が完成しましたが、秀吉はさらに中国大陸の征服をねらって朝鮮に出兵しました（→第三期2巻P27）。明は、朝鮮に援軍を送りました。結局、秀吉の死によって日本側は撤退しましたが、朝鮮と明は日本の軍事力を警戒するようになりました。

用語解説

ツングース系：言語の分類のひとつ。東北アジアに住む人びとが話している言葉のうち、特徴が似ているものをまとめてツングース系とよぶ。満洲語もツングース系の言語である。現在、中国の少数民族シベ族が用いる言葉は、満洲語と近い関係にある。

女真の人びと

明の首都北京から見て東北方面の辺境地帯に住んでいたのが、女真（ジュシェン）の人びとです。女真の人びとは、ツングース系に分類される言葉を話し、農耕に加えて狩猟や採集によって生計を立てていました。

16世紀の好景気のなかで、女真の人びとは高麗人参や毛皮の取引によって勢力をのばしました。高麗人参は、滋養強壮に役立つ薬材として大切にされました。また、毛皮のなかでも高級とされたのがクロテンです。イタチに近い動物で、シベリアから朝鮮半島にかけての森林にくらし、黒っぽくてつややかな毛皮をもっていました。

明は女真の人びとをたくみに統制してきました。女真は、いくつものグループにわかれて、しばしばたがいに争っていました。とくに、明との交易の利権は争いの種となっていました。高麗人参や毛皮の交易は大きな利益をもたらしますが、明は、女真のなかでも特定のリーダーとだけ取引をするようにしていました。明としては、女真のなかで競争をさせて、彼らをたばねる政治勢力がなるべく生まれないように心がけていました。しかし、競争がはげしくなると、女真のリーダーどうしが武力で戦うようになりました。

ヌルハチによる女真の統一

このような動乱を経て、ついに女真の統一をなしとげたのが、ヌルハチ（1559～1626）でした。彼はそれほど有力な家系の出身ではないらしく、しかも祖父と父を明側に殺害されたという逆境に置かれました。その後、その代償として明との交易を認められ、軍事的にも勢力をのばしていきました。

1616年、ヌルハチは「ハン」という君主の地位におしたてられ、「アイシン国（後金ともよぶ）」を建てました。「アイシン」とは「金」を意味し、かつて12～13世紀に華北（中国北部）を統治した王朝・金（→第三期1巻P7）を受けつぐ立場を示したと見られます。このころ、ヌルハチは「八旗」の制度を整えました。これは8種類の軍旗に従う軍団であると同時に、アイシン国の社会組織をかねていました。

しかし、ヌルハチの新国家は明と対立を深め、交戦状態になってしまいます。ヌルハチは明軍との戦いを優位に進めましたが、1626年には城攻め（寧遠城の戦い、→第三期2巻P30）に失敗し、その後、志なかばで亡くなりました。

高麗人参

クロテン

八旗は、軍団を8つの「旗」というグループにわけた軍事制度。黄・白・紅・藍の4旗と、それぞれの旗にふちどりをつけた4旗の計8種類の旗を印とした。八旗に所属する者は「旗人」とよばれた。写真：ユニフォトプレス

高麗人参：中国東北部や朝鮮半島を原産とするといわれる薬用植物。おもに根の部分に健康によい成分が多くふくまれ、薬の原料や食材として用いられる。なお、野菜の「ニンジン」とはまったく別の種類の植物である。

明・清の宮殿だった紫禁城（北京市、世界遺産）。現在は故宮博物院として一般公開されている。

2 北京を都とする清王朝
（17世紀）

17世紀前半、明で大規模な農民反乱が起こり、反乱を率いた李自成によって明は滅ぼされました。しかし、勢力を増した清が李自成を破り、中国の新しい支配者となりました。

清の誕生

1626年、ヌルハチのあとをついでハンの地位についたのが、息子のホンタイジ（1592〜1643）です。翌年、彼は朝鮮に軍を送り、朝鮮との国境貿易を認めさせました。

ホンタイジは、モンゴル人や漢人の軍事集団が服従するのを歓迎して勢力拡大につとめました。また、女真を「満洲（マンジュ）」と改称しました。1636年には、満洲人、モンゴル人、漢人の3グループからおしたてられ、国号を「ダイチン（大清）」に変えて皇帝となりました（「清」ともいう）。ホンタイジのもとでは、有力者の合議制から、皇帝への権力集中が進められました。

皇帝となったホンタイジは、ふたたび朝鮮に軍を送って服属させました。朝鮮は、それまで明の属国でしたが、これからは清に忠誠をちかうことになりました。

明の滅亡

1643年、ホンタイジが亡くなりその息子のフリン（1638〜1661）が即位しましたが、実権はホンタイジの弟・ドルゴンがにぎっていました。この時点でも、清と明の対立関係は続いていました。

ちょうどそのころ、明は内乱に直面していました。1628年ごろ、西北部の陝西省では深刻な飢饉が起こり、強い者が略奪をするようになります。これが組織化されて、略奪をしながら移動していく集団となり、そのなかから王を自称する者

用語解説
鄭成功（1624〜1662）：父である鄭芝竜の勢力を引きつぎ、東シナ海の交易を財源としながら、海上の覇権をめざした人物。北京が李自成によって占領されたあと、明の皇族をおしたてて、自立した勢力をつくろうとした。台湾にいたオランダ人と戦って勝ち、台湾を拠点としたが、まもなく病死した。母が日本人であることもあって、江戸時代の日本でも「国姓爺」として知られていた（明の亡命政権から、皇族の姓［国姓］である「朱」をたまわったことに由来）。

もあらわれました。明はこれを鎮圧しようとしますが、反乱勢力はますます拡大していきました。

反乱軍を率いる李自成（→第三期2巻P31）は、1644年、国家の組織を整えたうえで、北京を攻撃しました。命運がつきたことをさとった明の皇帝は、自ら命を絶ちます。こうして李自成は北京に入り、新政権を立てました。

反乱軍が北京にせまったという知らせは、清軍に対する防衛にあたっていた明の将軍・呉三桂（1612～1678）のもとにも届きました。北京救援に向かった呉三桂は、途中で北京がすでに陥落したことを知り、ついに清軍に味方することを決めました。

ドルゴンは呉三桂の協力により北京を占領し、李自成は逃走しました。こうして、清の皇帝フリンが、明の宮殿だった紫禁城の新しい主人となりました。あらたな年号は「順治」と定められ、清は明を継承する姿勢を示しました。

清の天下

清は、李自成軍を打ちやぶるとともに、明の支配していた領域の大部分をかなりすみやかに軍事制圧しました。明の皇族をおしたてて抵抗しようとする者もいましたが、その足並みは乱れ、それぞれ撃破されていきました。

清は、満洲人の髪型だった「辮髪」を、漢人にも強制しました。また、清軍に抵抗した江南（長江より南の地域）のいくつかの都市では、占領されるときに多くの人びとが殺害されました。しかし、清は投降した漢人の官僚を利用して、なるべくこれまでの統治のしくみを保ち、征服した土地が早く安定するようにつとめました。

唯一、明の皇族につかえた鄭成功のグループは、明を復興することを名目として、清に抵抗しつづけました。鄭成功は、当時台湾にいたオランダの勢力を追いはらい、台湾を根拠地として清から自立を保ちました。鄭氏の政権は海上交易を支配しており、そこから得られる豊かな資金が強みとなっていました。

順治帝（フリン）のあとをついだ康熙帝（在位：1661～1722）の時代には、ふたたび大きな内乱が起こります。呉三桂など、清に従った漢人の将軍は、南方に広い独自の支配地域をあたえられていました。3つの地区（藩）があったので、「三藩」とよばれます。その強大な勢力は清にとってじゃまな存在となり、その対立はついに内乱にいたりました（三藩の乱）。康熙帝はなんとかこれを鎮圧するのに成功しました。また、台湾の鄭氏政権も1683年に清に降伏しました。こうして、清の支配はひとまず安泰となりました。

辮髪は、頭をそり、後頭部の髪だけを残して三つ編みにする男性の髪型（写真は19世紀に描かれた絵）。　　写真：ユニフォトプレス

三藩：呉三桂など3人の漢人の将軍は、いずれも自らの軍団を率いて清につかえ、清が中国大陸を平定するのに貢献した。その功績により、それぞれ王に任命され、南方の各地で権勢をふるった。この3人の王の政権を三藩とよぶ。

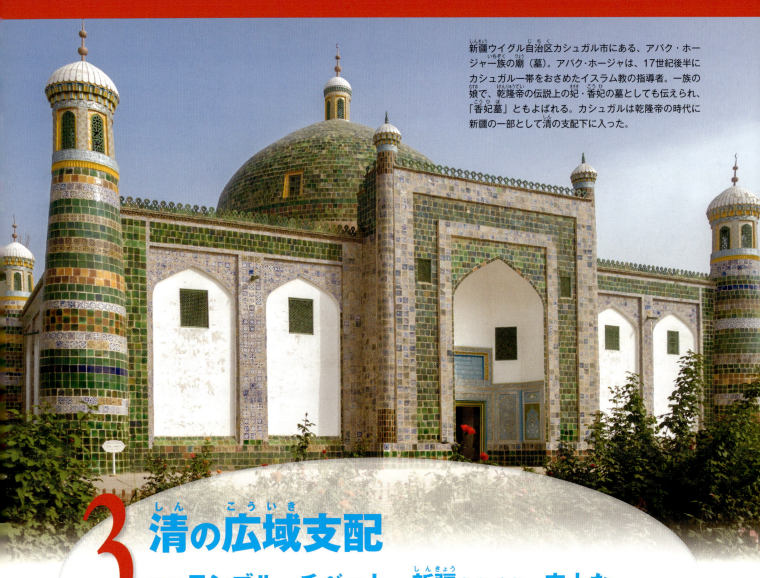

新疆ウイグル自治区カシュガル市にある、アパク・ホージャ一族の廟（墓）。アパク・ホージャは、17世紀後半にカシュガル一帯をおさめたイスラム教の指導者。一族の娘で、乾隆帝の伝説上の妃・香妃の墓としても伝えられ、「香妃墓」ともよばれる。カシュガルは乾隆帝の時代に新疆の一部として清の支配下に入った。

3 清の広域支配

清はモンゴル・チベット・新疆をふくむ、広大な領域をおさえました。多様な人びとや地域をおさめるために、清はさまざまな顔をつかいわけました。

清とモンゴル

17世紀末から18世紀末まで、康熙帝・雍正帝（在位：1722～1735）・乾隆帝（在位：1735～1796）の3代の皇帝の時代が、清の最盛期と見なされています。清は広大な領域を支配下に置きました。また、清は明を継承しただけではなく、明とずっと対立していたモンゴルの諸集団をも従えました。

モンゴルのなかには、ホンタイジが皇帝になったころから清に従い、清の皇室と婚姻関係を結んで政権を支えた集団もいました。清が勢力を拡大するなかで、次つぎと他のモンゴル集団も従っていきましたが、そのなかで最後まで従わなかったのは「ジューンガル」というグループでした。康熙帝は自らゴビ砂漠の北まで遠征して、ジューンガル軍と戦いました。

乾隆帝の時代には、ジューンガルの本拠は中央アジア方面にありました。乾隆帝は、ついにジューンガルを滅ぼし、また東トルキスタンのオアシス都市のトルコ系ムスリム（イスラム教徒）たちも服属させました。このとき清が得た領域は、「新疆」（新しい領域という意味）とよぶことになりました。

用語解説

ジューンガル：広い意味でのモンゴルの一グループ。13世紀にチンギス・カンのもとで一度はモンゴルの統一がなされたが、その後はさまざまなグループにわかれてたがいに勢力争いを続けた。とくに、チンギスの子孫とそれ以外のグループにわかれたが、17世紀に強大になったのは、チンギスの子孫ではない、ジューンガルだった。清と覇権を競ったすえ敗北し、18世紀なかばには事実上、解体した。

チベット仏教の重要性

　チベット仏教は、チベット人だけでなくモンゴル人からも信仰を集めていました。清はチベット仏教を尊ぶ姿勢を示し、チベットを保護下に置いて、ダライ・ラマを大切に守ることでチベット仏教圏に対して一定の影響力を確保しようとしました。じつは、ジューンガルもチベットを支配しようとしたことがあり、清とジューンガルのはげしい戦いは、チベット仏教の権威をめぐる争奪戦だったともいえます。清は、敵対勢力がダライ・ラマを利用してチベットを支配することを強く警戒しており、チベットの中心都市ラサに大臣を派遣して状況をつねに把握しようとしました。

乾隆帝を文殊菩薩に見立てて描いた、チベット仏教の絵画。清とチベット仏教との深い関係がうかがえる。

ゆるやかな広域統治

　清は、歯向かう者を容赦なくたおすと同時に、服属した者に対しては、各地の実情にあわせたゆるやかな統治をおこないました。

　漢人のエリートに対しては、清は明の正統性を引く皇帝を擁する国家として臨みました。儒教にもとづいて科挙を実行し、祭天の儀式をとりおこないました。中国の歴史編纂の伝統にのっとり、明が前の王朝・大元ウルスの歴史をまとめて『元史』を編纂したように、清も『明史』を編纂しました。

　しかし、清の中核をなす八旗に属する旗人たちにとっては、皇帝はむしろ満洲の伝統を引く指導者でした。そこで、皇帝は質実剛健の満洲の道を保つように、旗人たちによびかけました。

　モンゴルの人びとは、清に従った時点や経緯ごとに、かなり異なる処遇を受けていました。八旗に組みこまれて清の統治に参加した者もいれば、清が設定した「旗」「盟」といった行政区域のなかで、放牧地を定められながらも相当な自治を認められた集団もいました。遊牧をおこなうモンゴルのさまざまなグループは、たがいに争いをくりかえしていました。そのため、清はそれに介入し、リーダーの任命と免職をコントロールすることで、モンゴルのグループに対して一定の支配権をもちました。

　新疆のオアシスに住み、トルコ系の言葉を話すムスリムにとっては、清は異教徒の政権でした。清は、主要なオアシスに大臣を置いたものの、支配に関する実際の仕事は、地元のトルコ系ムスリムの指導者にまかせました。

　このように、清の統治は、多様な人びとや地域ごとに、政治的影響力の強さが異なっていました。

東トルキスタン：「トルキスタン」はトルコの人びとの土地という意味で、とくに中央アジアのパミール高原の東西に広がる地域をさす。パミール高原の東側で、現在ほぼ中国領となっている領域を東トルキスタン、パミール高原の西側を西トルキスタンという。

ダライ・ラマ：チベット仏教の高僧で、ゲルク派という宗派の指導者。その地位は、転生によって受けつがれていくとされる。
祭天：皇帝が天をまつる儀式のこと。清では、明の方式を受けつぎ、定期的に北京の南の郊外にある天壇でおこなった。

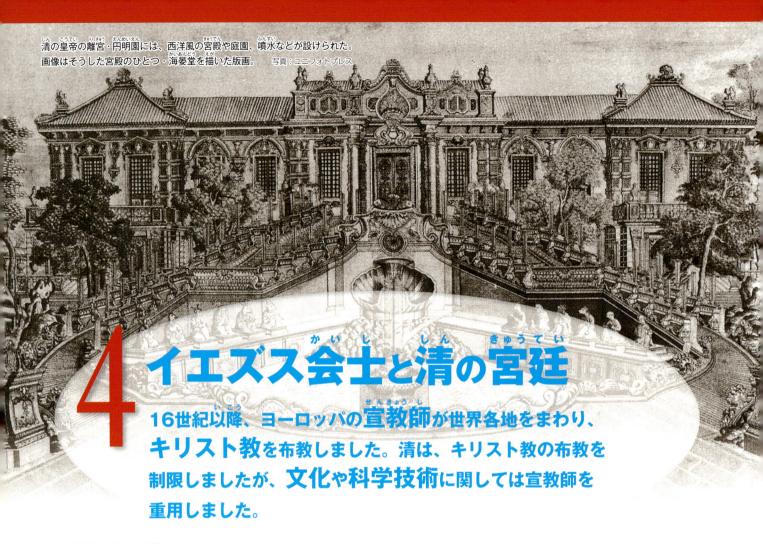

清の皇帝の離宮・円明園には、西洋風の宮殿や庭園、噴水などが設けられた。画像はそうした宮殿のひとつ・海晏堂を描いた版画。 写真：ユニフォトプレス

4 イエズス会士と清の宮廷

16世紀以降、ヨーロッパの宣教師が世界各地をまわり、キリスト教を布教しました。清は、キリスト教の布教を制限しましたが、文化や科学技術に関しては宣教師を重用しました。

宣教師と暦

中国には明代のころ、すでにカトリックの宣教師が到来していました。たとえば、イエズス会のマテオ・リッチ（1552～1610）は広東に来航し、努力の末に首都北京に到着しました。リッチは、士大夫層への布教を重視していて、漢文でキリスト教の教えを表現しようとしました。

ドイツ生まれのイエズス会士アダム・シャール（1591～1666）も北京にやってきて、明のために暦を改定する仕事に携わりました（➡第一期1巻P4）。この時代には、皇帝こそが暦を定める権限をもっていたので、天文学の知識にもとづいてきちんとした暦をつくることが必要だったのです。

ドルゴン（➡P6）の率いる清軍が北京を支配下に置いたあと、アダム・シャールは清につかえることになりました。シャールの天文学の知識を評価したドルゴンは、さっそくシャールの作成した暦を清のものとして採用しました。しかしその後、それまでの暦を支持する勢力が巻きかえしをはかって抗争が続き、シャールも苦難のなかで死去しました。

結局、第4代康熙帝は宣教師のつくった暦を支持し、宣教師フェルビースト（1623～1688）を登用して天文をつかさどる職に任命しました。康熙帝は自分でも、宣教師から数学などの知識を学ぶことを好みました。

イエズス会の宣教師フェルビースト。ヨーロッパの天文学や地理学の知識を清に紹介した。中国には明代以降、イエズス会やフランチェスコ会、ドミニコ会といったヨーロッパのキリスト教組織から宣教師が派遣されてやってきた。

用語解説

カトリック：もともとは「普遍的な」という意味。キリスト教のなかでも、ローマ教皇（最高位の聖職者）に従う教派・組織をさす。16世紀の西欧でカトリックに反対するプロテスタント（➡P20）の勢力が拡大すると、カトリックはさまざまな対抗措置をとった。その対抗活動のひとつが、海外での熱心な布教だった。

布教をめぐる対立

宣教師が康熙帝の信任を得た時期には、キリスト教の布教も進みました。ところが、布教方法をめぐって、キリスト教組織のあいだで対立が生じました。イエズス会は、中国の伝統・慣習をなるべく尊重しながら布教を進める方針をとっていました。一方、ドミニコ会やフランチェスコ会は、信者が孔子や祖先を崇拝する儀礼に参加するのは認められないと主張しました。このような儀礼に関する対立がはげしくなり、ローマ教皇の判断をもとめるほど深刻な事態となりました。このとき、ローマ教皇は孔子や祖先への崇拝儀礼を禁止しました。これを受けて康熙帝は、宣教師の活動を制限するという強硬な姿勢を示しました。

次の雍正帝もキリスト教の布教を禁じる政策をとりましたが、北京に滞在していた宣教師はおもに科学技術や芸術の知識・技能をもって清につかえつづけました。また、18世紀から19世紀前半にかけて、中国各地にはまだカトリックを信仰する人びとがいて、宣教師のほうもひそかに潜入して布教する試みを続けていました。しかし、このような宗教的活動を公然とおこなうことはできませんでした。

宮廷文化と宣教師

清の宮廷文化において、宣教師がはたした役割は大きいものでした。カスティリオーネ（1688～1766）の描いた乾隆帝の肖像画は、同時代のヨーロッパの王の肖像画と似通った部分があると評価されています。このように、西洋の写実的な方法を取りいれた独自の宮廷絵画が描かれるようになりました。

北京郊外にある庭園・円明園には、離宮が設けられました。乾隆帝の時代には、この円明園に西洋風の宮殿が建てられ、噴水もつくられました。カスティリオーネもその設計に加わっていました。

一方で、宣教師は漢文の古典について研究を進めるとともに、清代の社会のさまざまな側面についてヨーロッパに伝えました。18世紀のフランスを中心とした啓蒙思想のなかでは、その情報が多様な見方で解釈され、利用されていきました。

イタリア出身の宣教師カスティリオーネが描いた、乾隆帝の肖像画のひとつ。カスティリオーネは康熙帝・雍正帝・乾隆帝につかえ、多くの絵画を残した。

士大夫：儒教にもとづく教養を重視するエリート階層。科挙制度を通じて、明や清の官僚になる者も多かった。

啓蒙思想：「啓蒙」とは、自らの理性を働かせるようになることを意味する。18世紀の西欧で有力な思想となり、とくにフランスでは『百科全書』という百科事典が啓蒙思想家によって編集されて、大きな影響力を発揮した。

清代、広州に建てられた欧米諸国の商館。清は、欧米の船が複数の港に自由に出入りするのは徴税や治安のうえで都合がよくないと考え、欧米との貿易を広州の港に限定した。ただし、貿易そのものを制限したわけではなく、広州では欧米との貿易がさかんにおこなわれるようになった。　写真：ユニフォトプレス

5 清の対外関係

清は、国境争いが起きた**ロシア**と条約を結ぶ一方、周辺のアジアの国ぐにとは相手の状況に応じた柔軟な関係をもちました。18世紀末には、**広州を通じたヨーロッパ貿易**も重要となってきました。

■ 清とロシア

　清にとって、ロシアは重要な隣国でした。康熙帝の時代に、黒竜江の方面で軍事的な衝突が何回か起こったあと、両国はネルチンスク条約（1689年）を結び、外興安嶺（スタノヴォイ山脈）を国境と定め、貿易も開始しました。次の皇帝・雍正帝は、ロシアとキャフタ条約（1727年）を結ぶことによって、さらに西の部分の国境を取りきめ、キャフタでの交易を認めました。

　18世紀のロシアは、カムチャツカまで進出し、ついにベーリング海をこえてアラスカまで支配しました。キャフタでの清との貿易は、その間も拡大しました。清がロシアから輸入した重要な商品のひとつが、毛皮です。毛皮はシベリアの特産品で、北京や江南の裕福な人びとはこれをほしがりました。一方、ロシアは当初、清から綿布を多く輸入していましたが、のちに茶の輸入量が増えま

した。これは、ロシアにおける茶の文化の定着と深い関係があります。独特の金属製の容器サモワールで湯をわかし、ジャムをなめながら紅茶を飲むという習慣が広まっていきました。

サモワールはロシア語で「自分でわかす」という意味。湯をわかすほか、紅茶の入ったポットを上にのせてあたためることもできる。

用語解説

薩摩藩：江戸時代の島津家の政権。おおむね現在の鹿児島県を統治していた。1609年に琉球に侵攻し、その後、江戸の徳川政権から琉球に関係する事務をゆだねられた。

柔軟な対外関係

　朝鮮は、清が北京を支配する前から、すでに清に軍事的に服属させられていました（→P6）。朝鮮は女真の人びとを野蛮と見なしていたため、朝鮮の士族（支配階層）は清に従うことについて複雑な気持ちをいだいていました。しかし、ソウルから北京にはひんぱんに使節が派遣され、両国は密接な関係を保ちました。

　琉球（→第三期2巻P7）は、すでに1609年に日本の薩摩藩の侵攻を受けて従属する立場となっていました。しかし、中国の王朝が明から清に変わっても、定期的に使節を北京に送って贈り物をする朝貢を続けていました。薩摩藩は、このような朝貢の際におこなわれる貿易の利益を重視していました。清からも、琉球国王の代がわりの際には使節が琉球の都首里に派遣されましたが、その際、琉球は薩摩藩の支配の痕跡を清の使節に見せないようにつとめました。清も、薩摩藩の支配についてうすうす知ってはいましたが、表向きは「知らない」という姿勢を通しました。

　東南アジアの国ぐにも、清に朝貢しつつも、自国の立場を大切にしていました。ビルマ（現・ミャンマー）もシャム（現・タイ）もベトナムも、国内では、自国と清は対等であると示すことがふつうでした。たとえば、ビルマのコンバウン朝の年代記では、自国を「西の王」、清を「東の王」と記しました。もちろん、清への国書でそのように記すことはできないので、漢文の文書では服従の姿勢を示すことになりますが、そうしておきさえすれば、とくに問題とはなりませんでした。

清と国際商業

　清の対外貿易の姿勢は、明とはかなり異なるものでした。明は、朝貢を通じて海外の政権との公式な関係をもつことによって通商の秩序をつくろうとしましたが、清の場合は必ずしもそうではありませんでした。たとえば、清と日本とは政府間の公式の交渉はありませんでしたが、長崎には清の商人がたくさん来て貿易をおこないました。また、広州に商館を設けていた欧米諸国と清とのあいだにも、政府間交流がつねにあるわけではありませんでした。清がこのような姿勢であっても貿易の秩序が一応保たれていたのは、海上に清に敵対する大勢力がなく、かつ日本や欧米諸国が勝手な行動をつつしんだことも関係したといえます。

　18世紀末には、イギリスとの貿易が活発になりました。これは、とくにイギリスで紅茶を飲む習慣が広がり、広州の貿易を通じて清から茶がさかんに輸出されるようになったためです。

●清とまわりの国ぐに

*1 現在の瀋陽市。
*2 現在の昆明市。

出典：木村靖二等監修『山川 詳説世界史図録』（第2版）（山川出版社、2017年）所載図を元に作成

コンバウン朝：現在のミャンマーにあった王朝。18世紀なかばにアラウンパヤー王によって建国され、その後も近隣に支配を拡大して強大化した。19世紀に入るとイギリスと3回にわたって戦い、ついに1885年に滅亡した。

江戸時代の日清関係

江戸時代、日本は清と国交を結ばなかったものの、長崎を窓口として貿易をおこないました。両国は貿易商船の往復を利用し、たがいの情報を集めようとしました。今日の長崎の文化には、清との交流に由来するものも多く見られます。

明から清への移りかわりと日本

明が滅亡し、清が北京を都として中国大陸を制覇していくころ、日本は江戸幕府3代将軍徳川家光（1604～1651）の時代でした。明の滅亡に先立つ1630年代、徳川家光の政権は、外国とのつながりを小さくする政策（「鎖国」）をはじめていました。日本人が海外に渡ることを禁止し、当時日本にいたポルトガル人[*1]を追いだし、そしてオランダ船[*2]・唐船との貿易を長崎に限定しました。ここでいう唐船は、中国大陸からの船だけでなく、東南アジア方面や鄭氏（→P7）の支配する台湾から来る船をふくみます。また、これらの地域出身の中国系の人びとは、「唐人」とよばれました。

鄭氏は明の復興をめざして、清に従いませんでした。そこで、清は鄭氏の資金源を絶つために、海上交易を厳しく制限しました。その後、三藩の乱（→P7）の鎮圧と鄭氏の降伏を経て、政権を安定させた清は、1680年代なかばから貿易の制限を大いにゆるめました。こうして、多数の貿易船が清から長崎にやってくるようになりました。

[*1] ポルトガル人は、16世紀なかごろから日本を訪れて貿易やキリスト教の布教をおこなうようになっていた。
[*2] 日本とオランダの貿易は、江戸幕府初代将軍徳川家康のころにはじまった。

長崎での貿易

明から清へと王朝が変わっていくなかで、徳川政権は中国に関する情報をできるだけ集め、基本的には慎重に行動していました。そして、鄭氏政権からの協力要請にも応じず、また清の官僚が日本に来ることも拒みました。しかし、日清の通商関係は維持されていきました。江戸時代のはじめ、唐人たちは長崎の宿などに滞在していましたが、1680年代末に統制が強められ、「唐人屋敷」という決まった場所に住むように命じられました。

17世紀はじめまで日本はさかんに銀を輸出していましたが、次第に銀の輸出は減り、銅の重要性が増しました。清にとって、銅は硬貨をつくる原料として必要なものでした。18世紀になると銅の輸

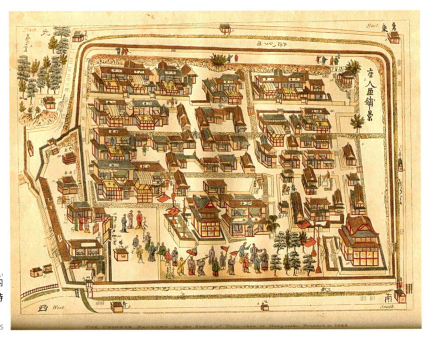

18世紀後半の唐人屋敷のようす。現在の長崎市館内町にあった。何度か火事にあっており、現在は明治時代に修復されたいくつかの建物などが残されている。
出典：University of Texas Libraries

用語解説

隠元（1592～1673）：隠元隆琦。福建省生まれの禅宗の僧。日本の寺の招きに応じて、1654年に来日した。京都の宇治に萬福寺をひらき、黄檗宗という新しい宗派の開祖となった。

毎年夏におこなわれるボートレース「長崎ペーロン」。長崎にいた唐人がおこなったのがはじまりとされる。

写真：長崎県観光連盟

出も制限され、「俵物」とよばれる海産物（ふかひれなどの高級食材）の輸出が目立つようになっていきました。日本が清から輸入したものは、当初は絹糸や絹織物、それから薬材（漢方薬の原料）が多くありました。ただし、これらの商品を輸入せずに日本国内でつくろうとする試みも18世紀には進んでいきました。

日本の文化・学問と清

徳川政権はキリスト教を禁止し、漢文に翻訳されたキリスト教関係の本が日本に輸入されることを警戒していました。一方、仏教については、たとえば隠元という仏僧を招き、京都の宇治に新しい宗派の禅寺をひらかせました。なお、アメリカ大陸原産のインゲン豆は、隠元和尚が日本に伝えたという伝説があります。

8代将軍徳川吉宗（1684〜1751）は、キリスト教関係以外の中国書を積極的に日本に輸入する方針をとりました。とくに医薬に関する本が重視されました。また、清の法律・制度などについても研究するように、配下の儒者たちに命じました。

日本各地でも、『論語』など古典を中心に、漢文が熱心に学ばれていました。しかし、ほとんどの漢文の学習者は、同時代の国である清については学ぶ必要をあまり感じず、理解を深めようとはしませんでした。

18世紀の日本では、中国よりもむしろ自国のすばらしさを強調する思想が力を強めました。学問の世界では日本古典の研究が進められ、漢文が日本に導入される以前の「日本らしい」精神をさぐる動きが高まりました。このような学問を「国学」といいます。

国学の発展と同じころ、オランダ語を通じて西洋の文化や学問を学ぶ「蘭学」もさかんになりました。これも、中国文化への対抗という意味がふくまれていました。オランダ医学は、当時の漢方医学（中国伝来の医学）ではわからなかった知識を日本にもたらしました。また、オランダ語の本を通じて近代科学や地理の知識を知った日本の学者は、「漢学が唯一絶対に正しいわけではない」と考えるようになりました。

儒者：儒教の古典の教養を身につけた学者。江戸時代の日本では、徳川氏やその他の大名につかえる者が多かったが、なかには民間で塾をひらいて儒教を教える者もいた。

『論語』：春秋時代に活躍した孔子の言葉を、その弟子が編集した書物。朱子学ではとくに重視された。わかりやすい漢文で道徳を説くことから、日本でも漢文の初級段階のテキストにつかわれることが多かった。

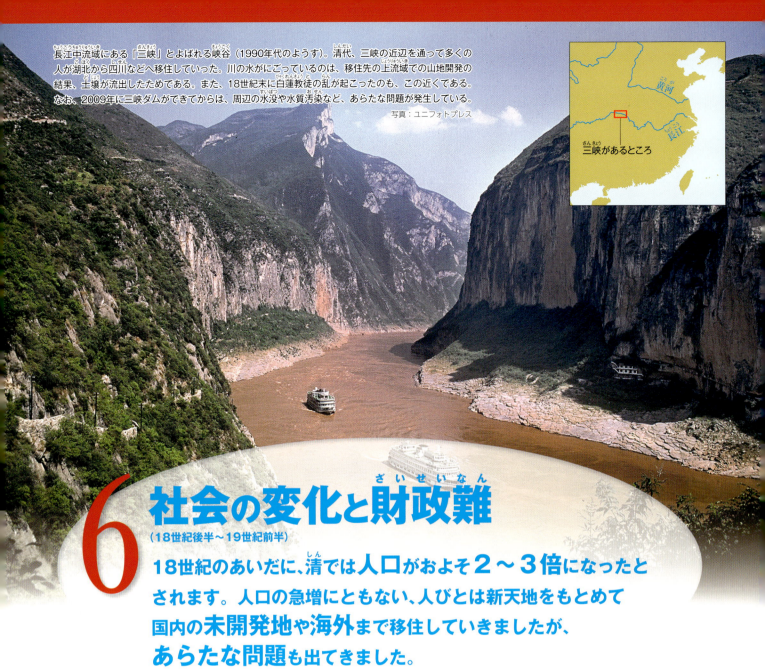

長江中流域にある「三峡」とよばれる峡谷（1990年代のようす）。清代、三峡の近辺を通って多くの人が湖北から四川などへ移住していった。川の水がにごっているのは、移住先の上流域での山地開発の結果、土壌が流出したためである。また、18世紀末に白蓮教徒の乱が起こったのも、この近くである。なお、2009年に三峡ダムができてからは、周辺の水没や水質汚染など、あらたな問題が発生している。

写真：ユニフォトプレス

三峡があるところ

6 社会の変化と財政難
（18世紀後半〜19世紀前半）

18世紀のあいだに、清では**人口**がおよそ**2〜3倍**になったとされます。人口の急増にともない、人びとは新天地をもとめて**国内の未開発地や海外**まで移住していきましたが、**あらたな問題**も出てきました。

人口急増と移住

　18世紀、清では人口が急速に増加しました。当時の人口統計は不正確なところもありますが、17世紀には1億人台だったのが、乾隆帝の時代の末期にあたる18世紀末には3億人にまでいたったとされています。そして19世紀に入ると4億人をこえました。同じ18世紀の日本では人口が停滞ぎみだったことを考えると、清の統治下の人口爆発は驚くべき現象といえます。

　人口急増にともない、移住と土地開発が活発におこなわれました。長江の中流域から上流の四川やさらに奥の雲南へ、または山東半島から海をこえて遼東半島へ、福建から台湾へと人びとが移動していきました。さらに、東南アジアへの移住もおこなわれました。また、遠距離の移動だけでなく、ひとつの県のなかで土地開発の余地がある地区への移住もありました。

　しかし、このような人口爆発と移住は、社会問題を引きおこしました。移民が土地開発を進めたといっても、条件のよい土地は次第に少なくなっていきます。無計画で急激な山地開発の結果、森林破壊や土壌流出が起こりました。また、辺境に漢人が移りすむことで、もともとそこにくらしていた先住民の生存がおびやかされることもありました。

用語解説

土壌流出：無理な開発などによって、土地表面の土壌が流れさること。たとえば、斜面の森林を切りひらいたりしたときに起こりやすい。長江などの河川がにごっているのは、流出した土砂を多くふくむためである。

四川の辺境社会

18世紀にとくに人口が増えた代表的な地域が、内陸の四川省でした。四川省では、17世紀の明から清への移りかわりの時期、戦乱などのため人口が大幅に減少しました。しかし18世紀を通じ、近くの省などから多くの移住者を受けいれました。そのなかから、成功をおさめて地主となり、地元で権勢をふるう一族もあらわれました。ただし、条件のよい土地にはかぎりがあり、競争に敗れた者やあとから来た移住者にとって、成功の機会は次第に少なくなっていきました。

18世紀末の時点で、四川省・湖北省・陝西省の境界が接する地区には、そのような不満をかかえた人びとが多くいました。ここに、白蓮教（→第三期2巻P4）の教えが伝わって、多数の信者を得ました。白蓮教は、世界の終末がやってくることを予言し、「無生老母」という最高神を信じれば救われると説きました。清の地方官は白蓮教を弾圧しようとしましたが、かえって白蓮教徒の反乱をうながす結果となってしまいました。

この反乱の対策に清は苦労し、多大な財政支出を強いられました。それでも、清は地元の有力者が「団練」という組織をつくって自衛することを認め、そうした者たちの支持・協力を得ながら、白蓮教徒の反乱を鎮圧することができました。

●白蓮教徒の乱（1796年～1804年）

＊「直隷」は明・清の時代に置かれた、首都に直属する行政区画。

財政危機と改革の試み

白蓮教の反乱が起こるころ、北京の朝廷では新しい皇帝が即位していました。1796年、乾隆帝は生前に息子に帝位をゆずり、嘉慶帝（在位：1796～1820）の時代となりました。白蓮教徒の反乱を鎮圧するため、清は多額の費用をかけなければなりませんでした。さらに広東方面での海賊の活動、民間宗教の流れをくむ天理教徒の乱など、多くの問題への対応をせまられましたが、嘉慶帝は統治の安定につとめました。

1820年、次の道光帝（在位：1820～1850）が即位したときには、清の財政危機はさらに深刻化していました。危機を感じた道光帝は倹約につとめましたが、財源を拡大する有効な対策をとることはできませんでした。

そうしたなか、財政問題をふくめ、体制の立て直しをめざす官僚が活躍しました。そのひとりが、徴税の合理化などを試みた林則徐（1785～1850）でした。

林則徐の肖像画。地方官を歴任し、社会や経済の問題に積極的に取りくんだ。また、アヘン問題（→P19）を解決するための責任者にも任命された。

省：清の地方統治区分。時代によってやや変化するが、19世紀には18の省が置かれていた。これはおおむね明から受けついだ領域であり、実際の行政は省のもとに多く設置された県によって担当された。

天理教徒の乱：天理教は中国の民間宗教のひとつで、おもに華北に広まった。「今入信して寄付をすれば、将来、土地や官職を得られる」と宣伝しながら、信者を増やしていった。1813年、紫禁城をおそうとともに河南省で蜂起したが、まもなく鎮圧された。

アヘン戦争中、広州の海戦のようす。イギリスは蒸気船を用いて帆船をひかせ、河川をさかのぼった。
写真：akg-images/アフロ

7 2つのアヘン戦争
（1839年～1860年）

19世紀、イギリスが清にもちこんだ**アヘン**が、清の社会をゆるがす大問題となりました。アヘンの取りしまりをめぐって、ついに**清**と**イギリス**とのあいだで**戦争**が起こります。

使節マカートニー

　乾隆帝の時代、欧米諸国との貿易は広州だけに限定されていました。18世紀末には、イギリスが中国の茶を大量に買うようになりました。このとき、イギリス商人にとって問題だったのが、自国が自由につかえる貿易拠点がなかったことです。

　拠点の獲得や貿易条件の改善などを清に要求するため、イギリス政府は、大使としてマカートニー（1737～1806）を乾隆帝のもとに派遣しました。しかし、マカートニーは清の皇帝に向かってひざまずく謁見儀礼を拒否するなど、清にとっては迷惑な使節であり、彼の要求は受けいれられませんでした。乾隆帝はイギリス国王あてに、「わが国は物産が豊かで何でもあり、外国の商品をたよって交易する必要はない」という勅諭（皇帝からの命令の言葉）を送り、イギリスへの恩恵として貿易を許しているのだという態度を示しました。しかし、おそらく乾隆帝が本気でこのように考えていたわけではなく、むしろマカートニーの要求を断るための虚勢だと考えられます。実際には、海外に商品を売って得られる銀は、清の財政・経済にとって非常に重要なものでした。

アヘン戦争

　19世紀に入ると、インド産の麻薬・アヘンが中国沿海地域に密輸されることが多くなります。これにはイギリス系の商会が関与していました。

　清はアヘンの販売を禁止していました。しかし、取りしまる立場にあるはずの官僚や兵士のなかには、わいろをもらって密輸を見逃したり、アヘンを使用している者が多くいました。アヘンを取りしまる有効な対策がないまま、密輸量はどんどん増えていきました。しかも、アヘンの対価として清から銀が流出するまでになると、銀を財政

用語解説

上海城：上海県城のこと。県の役所をふくむ都市域は、城壁で囲まれているのがふつうだった。上海県の場合には、16世紀に倭寇（→第三期2巻P23）からの防御という意味もあって整備され、上から見ると楕円のようなかたちで城壁が築かれていた。

の基本としていた清の体制をゆるがしかねない事態となりました。

道光帝は、意欲的な官僚として活躍していた林則徐を広州に派遣し、アヘン問題を解決させようとしました。林則徐はイギリス商人に圧力をかけてアヘンを没収します。これに反発したイギリス政府は、1840年に艦隊を清の沿海に送り、本格的な戦いがはじまりました。イギリス軍は清軍を圧倒し、重要な港を次つぎと占領していきました。ついに、イギリス軍が長江をさかのぼって南京にせまるまでになり、清は敗北を受けいれざるを得なくなりました。

1842年、清とイギリスとのあいだで、戦争を終わらせるための「南京条約」が結ばれました。この条約には、次のような内容がふくまれました。

- 5港（広州、廈門、福州、寧波、上海）の開港。
- 香港島をイギリスへ割譲すること。
- 没収されたアヘンの代金と戦争費用の賠償。

さらに1844年には、清はアメリカやフランスとも条約を結びました。こうして、清はこれらの国ぐにと新しい通商関係をはじめることになりました。

●南京条約で開港した5港（■マーク）

第二次アヘン戦争

南京条約によって開かれた5港には、イギリス商人が家族を連れて住むことが認められました。しかし、具体的にどこに住むかということは、個別の交渉によって決めるほかありませんでした。上海では、イギリス領事と清の地方官との合意にもとづいて、イギリス人は上海城の外の指定された区画に住むことになりました。このような方式は、めんどうな紛争を避けるために、たがいに都合がよかったと考えられます。

アヘン戦争後も、貿易や徴税について、清とイギリスとのあいだで安定した関係がすぐにつくりあげられたわけではありませんでした。また、アヘン密輸について清は黙認したものの、イギリスは「まだ完全に自由な貿易とはいえない」という不満をもちました。このような状況のもと、1856年に起きたアロー号事件をきっかけに、ふたたび戦争がはじまりました（第二次アヘン戦争、またはアロー戦争）。この戦争には、イギリスだけでなくフランスも加わりました。

1860年にはイギリス・フランス連合軍が北京まで進軍しました。こうして、清はイギリス・フランスの要求をいくつも受けいれることになりました。その結果、外国公使の北京常駐や天津などの新規開港、キリスト教の国内布教の解禁などが決まりました。また、アヘンの貿易についても、この戦争の結果、はっきりと合法化されました。

アヘンはケシの実（写真）を傷つけると出る乳液からつくられる麻薬。世界各地で、とても古くから痛み止めなどの医薬品（飲み薬など）としてつかわれてきた。やがて、火であぶって煙を吸いこみ、気分を高めるというつかい方が生まれた。依存性が高く、つかいつづけると体力・気力がおとろえて起きあがることもできなくなるため、清の社会と経済に深刻な問題をもたらした。

アロー号事件：1856年、アロー号というイギリス船籍を称する船が、清の当局によって立ち入り検査を受け、海賊容疑の船員が逮捕されたりした事件。イギリス政府は、この事件を理由として第二次アヘン戦争を起こした。

1864年、太平天国の都・天京（南京）を攻撃する清軍。

8 太平天国の興亡
（1850年〜1864年）

清が2度のアヘン戦争で外国と対立していたころ、国内でも問題が起こります。新しい宗教をおこした洪秀全が、清をたおそうとして蜂起しました。

洪秀全の夢

　清はキリスト教の布教を禁止していたので、19世紀前半のキリスト教（プロテスタント）の宣教師は、文書による伝道を重視せざるを得ませんでした。つまり、キリスト教の教えを説明した中国語のパンフレットなどを海外で印刷し、中国大陸にもちこんでひそかに配布する方法です。

　たまたま、そのような宣伝冊子のひとつを手に入れた人物が、のちに「太平天国」の指導者になる洪秀全（1813〜1864）でした。彼は、科挙の前段階の試験を受けて何度も不合格となり、そのショックからか病にたおれ、ふしぎな夢を見ました。そのなかで彼は、老人から「悪魔を滅ぼせ」と命じられたといいます。その後、彼はキリスト教の宣伝冊子を取りだしてみて、その夢の意味をキリスト教の教えと結びつけて解釈しました。そして、「あの夢は、自分にあたえられた宗教的使命を示すものだ」と考えました。

　洪秀全は、広東省広州近くの県にある自分の故郷で新しい教えを説きはじめましたが、受けいれられず、広西省まで教えを伝えにいきました。その地域で布教にある程度成功したあと、洪秀全は広東に帰り、広州にいた宣教師の教えを受けて、聖書もはじめて読んだといいます。しかし、広西に再度いったあと、宗教上の動機からその土地の廟の神像をこわし、地元の有力者との対立を深めていきました。洪秀全は、1850年には蜂起の準備を進め、清と対決しようとしました。

用語解説

プロテスタント：もともとは「抵抗する者」という意味。16世紀、カトリックの教義と組織に異議をとなえて、いくつものプロテスタントの教派が誕生した。19世紀になると、プロテスタント諸派は、清への布教をめざすようになった。

捻軍：自然災害の危機に直面していた安徽省・山東省・河南省などの華北内陸部で、盗賊集団に農民も加わり、団結して略奪に走り、政府軍とも対決するようになった集団。きちんとした指揮系統があるわけではなく、さまざまなグループが複雑に展開した。

左：洪秀全（想像図）。
中：曽国藩は太平天国の鎮圧後、清の国力を高めるための技術改革を進めた（➡P29）。
右：李鴻章は曽国藩らとともに技術改革を進めたほか、日清戦争（➡P30）の講和交渉など外交でも重要な役割を担った。

太平天国の拡大と湘軍

　1851年、洪秀全は自らを「天王」と名乗り、「太平天国」という国の建国を宣言しました。太平天国軍は、清軍とはげしく戦いながら、移動しつつ参加者を集めていきました。1853年には、ついに南京を占領して、ここを都として「天京」とよびました。太平天国の統治は、その宗教的側面を反映して独特のものでした。天京では、夫婦であっても別べつに住まわせるなど、男女をわけて社会を編成しました。男性は兵士となり、女性は各種の作業任務をおこないました。

　清としては、どうしても太平天国を鎮圧しなくてはなりませんでしたが、八旗（➡P5）などの正規軍だけでは対処しきれませんでした。そこに登場したのが、官僚・曽国藩（1811〜1872）がつくった「湘軍」です。曽国藩は、母の死を受けて故郷の湖南省に帰っていたとき、太平天国軍の進軍に遭遇しました。まもなく彼は、朝廷の命令を受けて義勇軍をつくり、太平天国軍に対抗することとなりました。曽国藩はもともと科挙に合格したエリートであり、軍を指揮する能力については疑問が残りますが、彼がつくった湘軍はすぐれた組織力を発揮しました。曽国藩は、湖南にいた親族や友人、弟子たちを集めて指揮官とし、まじめそうな農民を募集して戦わせました。湘軍は、プロの軍人・兵士から成るわけではないものの、それがかえって新しくて活気のある軍事力をつくりだすこととなったのです。

太平天国の滅亡

　湘軍は太平天国を西側から攻めていきましたが、1860年代に入ると太平天国は東のほうへと勢力をのばし、豊かな江南デルタ（➡第三期2巻P16）を支配下に置いて上海にせまりました。しかし、上海を貿易の拠点としていた中国の豪商たちが、独自の部隊「常勝軍」を組織して太平天国に対抗しました。常勝軍はアメリカ出身の流れ者の軍人だったウォード（1831〜1862）が組織の中心となり、彼の指揮のもと、中国人を兵士とし、外国製の武器で戦いました。

　また、曽国藩の部下・李鴻章（1823〜1901）は、故郷の安徽省で「淮軍」を組織し、太平天国と戦いました。のちに、第二次アヘン戦争が終わると、イギリスも本格的に清を助けて太平天国を滅ぼそうとする姿勢をとりました。1864年には天京は包囲され、そのなかで洪秀全が死去すると、まもなく太平天国は滅亡しました。

もっとくわしく
各地で同時期に起きた反乱

　19世紀なかばに清を苦しめたのは、太平天国だけではなかった。華北（中国北部）では「捻軍」という武装勢力が生まれ、清の手ごわい相手となった。ほかにも、雲南のイスラム教徒の反乱、貴州のミャオの人びとの反乱、広東の天地会の蜂起などが連鎖的に起こった。しかし、清はなんとかこれらをおさえこみ、一定の安定を保つことができた。

ミャオ：貴州省など中国南部から東南アジアにかけての山間部に住む先住民。ミャオは「苗」という漢字を当てることもある。漢人の入植が進むなか、土地を貸しあたえて受けいれていったが、ときに漢人と紛争が生じることもあった。

天地会：華南から東南アジア方面まで広がった秘密結社。会員の相互扶助（たがいに助けあうこと）をめざした。「反清復明」、つまり清をたおして明を復興させるというスローガンをとなえた。

横浜中華街(神奈川県横浜市)の歴史は19世紀なかばにさかのぼる。1859年に横浜が開港すると、欧米の商人や中国人の通訳などが多くやってきた。日清修好条規の成立後、日本と清の交易がさかんとなって中国人移住者も増え、彼らのくらす町が本格的につくられるようになった。

9 幕末・明治の日清関係
（19世紀後半）

江戸時代末期（幕末）、日本は貿易の拡大をもとめて、上海に貿易船を派遣しました。明治時代には、清と日本とのあいだで正式な国交が結ばれました。

千歳丸の派遣

徳川政権の「鎖国」政策は、日本人の海外渡航を禁じていました（→P14）。ところが、幕末になるとその政策はゆるめられました。長崎奉行は積極的な貿易をめざして、1862年、上海に「千歳丸」を派遣しました。積みこんだ貿易品は、石炭のほか、ふかひれ、いりこ（干したなまこ）、あわびといった海産乾物、薬用人参、雑貨などでした。

千歳丸で上海に到着した幕府役人は、上海の地方官に面会することができました。清側は、日本が貿易をもとめてやってきたことに対してどのように応じるか、議論しました。上海の地方官は、基本的には今後も通商を認める方針でしたが、日本の動きを警戒する意見もありました。

なお、この千歳丸には、長州藩士の高杉晋作（1839〜1867）や薩摩藩士の五代友厚（1836〜1885）なども乗りこんでいました。彼らの上海体験は、幕末志士たちに大きな刺激をあたえました。

条約の成立

1868年に明治政府が成立すると、日本は清との正式な国交をどのようにつくりあげるのかという課題に直面しました。これまでの長崎だけでなく、横浜や函館にも華僑（→P26）が渡航していて、また日本人も上海で商売をしようとしていたので、そうした人びとを管理するための対策も必要となりました。

1870年、日本外務省は清に使節を派遣して予備交渉*をさせました。清側も議論を経て、日本と条約を結ぶ方針をとることに決めました。こうして、1871年には、日清修好条規が成立しました。これによって、両国はたがいの首都に外交官を常駐させ、また開港場には、領事を置いて自国民の管理をおこなうことになりました。おおむね、両国が対等であるという原則にそった内容だったといえます。

*正式な交渉がスムーズに進むように、交渉の細かい項目や問題点についてあらかじめ話しあうこと。

用語解説

長崎奉行：徳川政権が直轄地である長崎を支配するために派遣した役人。長崎は対外交易をおこなう港だったので、19世紀になって外国との接触が増えるなかで、重要な役割をはたした。

幕末志士：徳川政権が欧米との条約締結などをめぐって動揺するなか、新しい政治構想をもちながら行動した武士たちをおおまかに幕末志士とよぶ。自身のつかえる大名家のために動く者もいれば、そのような主従関係を絶って行動する者もいた。

琉球の帰属問題

　江戸時代、琉球は薩摩藩に従属しながらも、それをかくすようにして清に定期的に使節を派遣していました（→P13）。明治政府は琉球と清の関係を絶ち、琉球を完全に日本の支配下に置きたいと考えましたが、そのためにどのような政策をとればよいのかはむずかしい問題でした。

　1871年、琉球の支配下にあった宮古島から貢ぎ物を那覇に運んだ帰りの船が、台湾に漂着します。漂着した人の多くは、運悪く台湾の先住民に殺されてしまいました。生存者は、かろうじて清の保護を受けてから宮古島に帰ることができました。これに対して、日本では「台湾に出兵すべきだ」という強い意見が出ました。

　ついに1874年、明治政府は台湾に出兵し、先住民を征討しました。清は、日清修好条規を結んだばかりの日本がこのような軍事侵攻をおこなったことに驚き、防備をかためました。しかし、両国とも本格的に戦争を起こす余力はなく、なんとか交渉で事態をおさめました。

　また、琉球の地位については、明治政府はひとまず清との論争を避け、台湾出兵と並行して、琉球を明確に併合する具体的な取り組みを進めました。1879年、明治政府は琉球を「沖縄県」とし、帰属問題に決着をつけようとしました。清はそれを承認せず、日清両国で多少の交渉がおこなわれたものの、結局、明治政府は沖縄県という枠組みで統治をかためていきました。

もっとくわしく
東京への清国公使館設置と文化交流

　高崎藩（現在の群馬県高崎市周辺）の最後の藩主だった大河内輝声（1848～1882）は、清国人との交際を好んだ。とくに、1878年に清国公使館が東京に設けられると、公使館員たちと積極的に交流しようとした。大河内は、春の花見に公使館員を招いたり、いっしょに漢詩をつくったりした。ただし、彼は中国語ができたわけではなく、基本的には筆談でたがいにやりとりをおこなっていた。一方、公使館員たちは、日清間の政治上の問題に取りくむとともに、日本社会の実態の観察も進めていった。

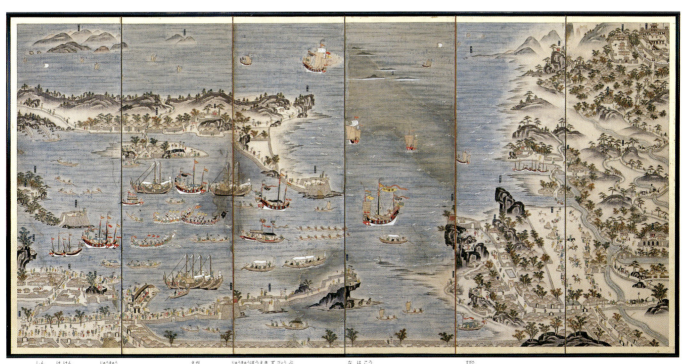

清に派遣された琉球の貿易船の帰国を描いた、「琉球貿易図屏風」。にぎわう那覇港など、19世紀の琉球の姿がいきいきと描かれている。

滋賀大学経済学部附属史料館所蔵

領事：海外にいる自国民を保護するために各国政府が設ける役職。主要な港などに置かれ、多くの場合には、公使（首都に駐在する外交官）のもとに統括される。

公使館：正式な外交官として派遣された公使が、各国の首都に設けた役所。清の場合には、第二次アヘン戦争後の1860年代、北京に次つぎと公使館が設置された。清が海外に設けた公使館としては、1877年、イギリスの首都ロンドンのものが最初である。

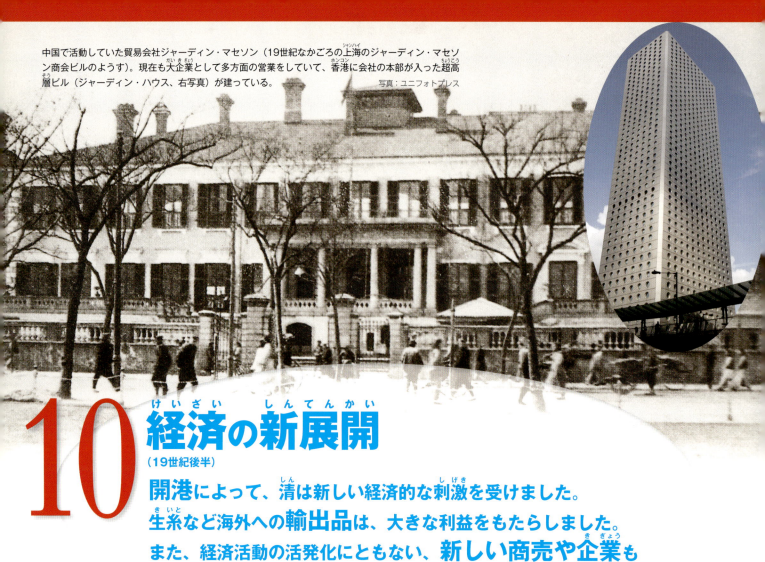

中国で活動していた貿易会社ジャーディン・マセソン（19世紀なかごろの上海のジャーディン・マセソン商会ビルのようす）。現在も大企業として多方面の営業をしていて、香港に会社の本部が入った超高層ビル（ジャーディン・ハウス、右写真）が建っている。
写真：ユニフォトプレス

10 経済の新展開
（19世紀後半）

開港によって、清は新しい経済的な刺激を受けました。生糸など海外への輸出品は、大きな利益をもたらしました。また、経済活動の活発化にともない、新しい商売や企業も登場しました。

生糸の輸出

清の輸出品のなかで外国が第一に注目したものは、生糸でした。清代、とくに江南地域では養蚕がさかんで、蚕にあたえる桑の栽培に適した地区で良質な生糸がつくられました。生糸は開港前からの特産品でしたが、1860年代にはヨーロッパで人気商品となり、高値がつきました。しかし、1870年代に入ると、日本の生糸輸出も多くなり、またフランスでも機織りの機械化を進めるうえで均質の糸をもとめる傾向が出てきたので、中国生糸の輸出は低迷しました。

こうした状況のなか、器械製糸をはじめようとする動きが生まれました。器械製糸とは、繭を煮てほぐした糸を器械の動力で巻きとることにより、品質の一定した生糸をつくろうとする産業です。

1878年、外国商社の出資で上海に「旗昌糸廠」が創立され、本格的に器械製糸がはじまりました。この製糸工場は、フランス人技師ブリュナ（1840～1908）をやとっていましたが、ブリュナはその前に日本で富岡製糸場の設置を担った人物でした。

このような上海での初期の製糸工場の製品は、同時代の日本の生糸よりも高品質と評価されて高く売ることができました。一方で、上海の製糸工場は、原料の繭を買いあつめるのに苦労しました。それまで、養蚕農民は自分で繭を煮て糸をとっていたので、繭そのものをあつかう商売が発達していなかったからです。しかし、無錫近辺など、もともとあまり養蚕がさかんでなかった地域にも養蚕が広まり、繭をあつかう商人も次第に登場するようになりました。

用語解説

富岡製糸場：明治政府が、最新の製糸技術を導入するために群馬県に設置した官営工場。日本ではじめての本格的な器械製糸の工場とされる。今日まで施設がよく残っており、2014年に世界文化遺産に指定された。

デント商会：イギリス系の商社。ジャーディン・マセソン商会とともにアヘン貿易に携わって利益をあげた。アヘン戦争後は、香港や上海に進出し、貿易をはじめ活発に事業を展開したが、1866年の世界的な不況によって没落した。

貿易会社

　貿易を担った商社は、中国語では「洋行（ヤンハン）」とよばれ、多くは上海を拠点としていました。イギリス系商社のデント商会やジャーディン・マセソン商会は、もともと広州のアヘン貿易（➡P18）から出発しましたが、次第にイギリス製の綿糸・綿布の中国への輸入や、中国産の茶・生糸の輸出などへと営業を広げていきました。

　これら貿易会社につとめる中国人の職員は、しばしば「買弁」とよばれました。イギリス人の経営者は、中国語や現地の商売のしきたりに通じた買弁をつかってはじめて、順調に貿易業を進めることができました。

　しかし、買弁は、たんなる商社職員にとどまらず、自分の資本をもち、投資・経営活動を進めていました。買弁はこの時代の新しい経済環境のなかで、自らの才覚で利益をあげる機会をねらっていました。買弁は、国際貿易を通じて多大な利益を得るチャンスを手に入れましたが、国際市場の動向次第では破産にいたることもありました。

ジャーナリズムの形成

　この時代の中国に新しくできた企業のひとつが、新聞社です。とくに1872年、イギリス人貿易商のメージャーが上海で刊行した中国語の新聞『申報』は、大きな歴史的役割をはたしました。その発行数は、はじめは600部にすぎなかったものの、数年のうちに5000部をこえました。

　『申報』の内容は、清の朝廷の動向や中国・外国各地の事件、地元のニュース、経済情報、政治論説など、多様でバランスがとれていたため、上海に住む中国人読者から歓迎され、経営的にも成功しました。収入は、新聞の販売と広告料にもとづいており、『申報』は商業的な基盤をもつ中国語ジャーナリズム*が上海に定着していく先駆けとなりました。

　また、この『申報』を出していた会社は、絵の入った新聞『点石斎画報』(1884年創刊)を刊行したことでも知られています。

＊社会で起こったできごとを、一般の人びとに伝える活動のこと。

『点石斎画報』は、上海の町で話題となったできごとや、欧米や日本をふくむ外国の情報など、さまざまな内容をあつかった。画像は、イタリアのサーカス団が連れてきたゾウと、見物する人びとを描いた記事。
写真：ユニフォトプレス

ジャーディン・マセソン商会：アヘン貿易に従事していたイギリス系の商社。香港島がイギリスの植民地となり、上海が開港されたのちには、業種の多角化をめざして成功し、中国において最大のイギリス系企業となった。現在も多数の関連会社をもつ大きな企業グループとして存続している。

華僑の時代

中国から海外へ移住した中国人は、「華僑」とよばれます。清代後半は、アメリカや東南アジアなどに多くの中国人が移住した時代でした。

華僑の急増

中国大陸から海をこえて移動する人の流れは、長い歴史をもちます。18世紀の場合、東南アジア方面への移民は、その人数を正確な数字でとらえることはむずかしいものの、相当な規模に達していたと考えられます。清の政府は、海外への移民を喜んではいなかったものの、厳格に禁止しようとはしていませんでした。東南アジアの主要な港市には、福建省や広東省などを出身地とする人びとが住みついていました。

19世紀のなかばにさらに活発になる人の流れは、この時代特有の事情とも関係があります。それは、もとめられる労働力のあり方が大きく変わってきたことです。

アメリカへの移民

1848年、カリフォルニアで金鉱が発見され、「ゴールドラッシュ」がはじまります。すると、とくに広東省から、一攫千金を夢見てアメリカに渡る中国人が続出しました。また、このとき、アメリカの大陸横断鉄道の建設が進められていて、そのために多くの労働力が必要とされていました。

広東省出身の人びとは、まずサンフランシスコに「チャイナタウン」をつくりました。また、広東省のなかでも地域ごとに方言のちがいが大きいため、細かい出身地ごとに人びとは「同郷会館」を建てました。移住全般にいえることですが、同じ故郷出身であることがきずなとなり、あらたに来た者の勧誘につかわれます。そのため、ある場所への移住者は、特定の出身地の者が多数を占めるという現象が起こることになります。

このような華僑の急増に対し、アメリカでは、追いだそうとする運動も起こりました。華僑がチャイナタウンのなかだけでくらすことが多かったのは、そうした環境も関係していました。

当時のアメリカでは、華僑を「アメリカ人の仕事を奪う存在」として批判する風刺画が描かれることもあった（画像は1882年の絵）。
写真：ユニフォトプレス

用語解説

ゴールドラッシュ：アメリカのカリフォルニアで1848年に金が発見されたのにともない、翌年、多くの人びとが一攫千金を夢見て殺到したことをいう。カリフォルニアの開発を急速に進める効果をもたらした。

大陸横断鉄道：おもに北米大陸を東西に結ぶ鉄道をさす。アメリカ合衆国の東部と西部を結ぶ鉄道としては、1869年に開通したのが最初である。とくに西部開拓にとって大きな役割をはたした。その後、カナダにも大陸横断鉄道がつくられた。

クーリー問題

16世紀以降、ヨーロッパ諸国は、アフリカから強制的に連れてきた黒人やその子孫を、カリブ海やアメリカ大陸の植民地で労働力としてつかっていました（黒人奴隷制度）。19世紀、この制度に対する批判が高まり、奴隷制度は廃止されました。このとき、黒人に代わる労働力として注目されたのが、中国からの移住者でした。しかし、そうした中国人労働者の待遇は悪く、とくにキューバやペルーではひどい虐待を受けました。場合によってはだまされて渡航したり、ときには誘拐や拉致によって連れていかれた者もいて、「クーリー」（漢字では「苦力」）とよばれました。また、クーリーを外国に連れていき利益をあげる行為を、クーリー貿易といいます。

清も、この問題に取りくむ必要を感じ、外国政府と交渉して解決をはかりました。

東南アジアへの移民

19世紀後半以降、中国大陸から東南アジアへの移民が急増しました。その第一の要因は、東南アジア各地で経済開発が進展し、労働力をもとめる動きが高まったことです。加えて、香港が移住の中継ぎ地点となり、蒸気船の導入によって移動が便利になったことで、とくに福建省・広東省から東南アジアへの人口移動（そして稼いだあとの帰郷）がさかんとなりました。

東南アジアへの出稼ぎは、クーリー貿易と異なり、欧米人が関与せずに進められました。移民を募集したのは、「客頭」とよばれる業者です。たいていの場合、客頭も早くから海外に出た華僑であり、自分の故郷から移民をつのり、香港からシンガポールに向かう蒸気船に乗せるまでを世話しました。新しい移民は都合のよい仕事を紹介してもらって働きはじめますが、その職場の組織も、多くの場合は同郷のつながりにもとづいていました。

東南アジアの華僑は、稼いだお金を故郷にあてて送りました。その金額は、清の貿易赤字額を大幅にうめあわせるほどになっていきました。

タイのプーケットでスズの採掘に従事した華僑の写真。19世紀後半、マレー半島でのスズ採掘の仕事は、華僑のおもな働き先のひとつだった。
写真：ユニフォトプレス

植民地：16世紀以降、ヨーロッパ諸国は大西洋やインド洋をこえて海外進出をはかった。その際に各地に拠点を設けるほか、カリブ海の島じまなどでは砂糖をはじめとする特産物生産をおこなった。

18世紀から19世紀にかけて、資本主義が展開し、ヨーロッパ諸国どうしの競争もはげしくなると、ますます支配領域の拡大が進んでいった。このような海外の支配地を、一般的に植民地とよぶ。

27

中国の歴代王朝では、外国とのやりとりをまとめて担当する役所がなかった（相手国に応じていくつかの異なる役所が対応していた）。しかし、第二次アヘン戦争後の1861年、外交を専門に担当する「総理衙門」（写真）がつくられた。　写真：ユニフォトプレス

11 再建される清の統治
（19世紀後半）

太平天国の乱とアヘン戦争という大きな事件、その他各地の争乱を経て、清では支配体制を立てなおし、**西洋の強国に対抗**できる国力をじょじょに養おうとする動きが高まりました。

新体制の出発

　第二次アヘン戦争（→P19）の際に、イギリス・フランス連合軍がせまるなか、第9代咸豊帝（在位：1850〜1861）は北京から逃亡し、外国軍との交渉を弟の恭親王にまかせました。咸豊帝は逃亡先で病死し、その息子が即位します（同治帝、在位：1861〜1875）。同治帝はまだ幼く、東太后（咸豊帝の皇后）と西太后（同治帝の生母、1835〜1908）が同治帝を補佐しました。このうち実権をにぎったのが、西太后と恭親王です。

　第二次アヘン戦争の敗戦交渉が進められるなか、外交を担当する新しい役所が必要となってきました。そこで、恭親王は「総理衙門」という役所を設置し、自らその運営を担当しました。こうして、清はイギリスなどと協調しながら、政権を立てなおしていくことになりました。その際に財源として重要だったのが、関税（外国からの輸出入品にかける税）の収入です。この時代には、イギリス人など外国人をやとって税関を管理させる制度が導入されていました。当時の対外貿易の進展によって、清は多くの税収を得ることになりました。

用語解説
蒸気機関：燃料でお湯をわかし、生じた水蒸気を用いて動力を生みだす装置。1760年代にイギリスの機械技術者ワットが発明した。

19世紀の蒸気船は、石炭などによって蒸気機関を働かせることで動力としていた。

技術の導入

太平天国を鎮圧するなか、曽国藩や李鴻章（→P21）などは、西洋式の軍備の威力を強く認識するようになりました。ちょうど19世紀のなかばは、欧米でも技術が飛躍的に進化していました。たとえば銃の場合、発射口でなく銃身の後ろから弾をこめる方式や、銃のなかの弾の通り道に螺旋状のすじをつけるライフル方式が採用されました。船については、蒸気機関を動力とするしくみや鉄の利用が進歩をとげつつありました。清の官僚も、積極的に軍需工場（軍に必要なものをつくる工場）を設けて、兵器の製造を進めました。また、左宗棠は福州に船政局（造船所）を設けて、海軍の建設をめざしました。このように、西洋の技術を導入して国力を強めようとする動きが、さかんになりました。

この時代には、地方大官である総督・巡撫の役割が重要となりました。とくに、李鴻章は1870年から20年以上にわたって総督の職につき、天津を拠点に清の対外交渉でも大きな役割をはたしました。総督・巡撫はだいたい1～2つの省を管轄し、それぞれの省の財政を強化して、兵器工場などをふくむ新しい事業を主導していきました。その際、貿易の活性化にともなう関税や地方税が重要な財源となりました。

ムスリム反乱と清仏戦争

1860年代には、陝西省から甘粛省にかけて、回民（中国語を話すイスラム教徒）の反乱が広がりました。また、新疆でも、中央アジアから来た将軍ヤークーブ・ベグが自立した政権をつくろうとしました。清側の代表としてこの動きと対決したのが、左宗棠です。彼は約10年かけて、西北方面における清の統治を回復していきました。結局はヤークーブ・ベグが死去したこともあって、1878年には清は新疆の大部分を再征服しました。左宗棠の死後、1884年には新疆省が設置されました。

1880年代のなかばには、清はベトナムをめぐってフランスと戦いました。ベトナムは清の属国でしたが、フランスがベトナム支配を進めていくと、清・フランスの対立が深まり、やがて戦争となりました。全体的にはフランス優勢の局面が多かったとはいえますが、清も善戦しました。1885年の天津条約において、清はフランス・ベトナムの条約を尊重することを約束し、事実上、ベトナムへの介入を放棄することになりました。

この時期の清の外部勢力に対する姿勢は、意欲的に近隣への影響力を維持・拡大し、自国の安全をはかろうとしており、けっして防戦のみに徹するというような消極的なものではありませんでした。

フランスの海軍士官の協力を得て建設された、福州の船政局（造船所）。西洋式の軍艦がつくられたほか、海軍の育成もおこなわれた。

左宗棠（1812～1885）：湖南省出身の清の官僚。太平天国の鎮圧に力をつくしたあと、福州に船政局を設け、蒸気船の製造などをめざした。その後、西北方面におけるイスラム教徒の反乱をおさえるように命じられ、1878年までに反乱をほぼ鎮圧した。

総督・巡撫：いずれも、清の地方官のうち高位のもの。総督はおおむね2つの省を管轄し、巡撫はひとつの省を管轄した。総督のほうが巡撫より地位が高いことになっていたが、総督が巡撫の上司というわけではなく、たがいに協力して行政を担当していた。

日清戦争の下関条約の交渉のようすを描いた絵。日本側は総理大臣の伊藤博文と外務大臣の陸奥宗光、清側は李鴻章が全権代表として講和交渉をおこなった。
写真：Everett Collection/アフロ

12 日清戦争と体制改革の試み
（19世紀後半）

19世紀後半、朝鮮への影響力をめぐって清と日本が対立し、1894年に日清戦争へと発展しました。清はこの戦争に敗北し、国内で急激な改革をめざす勢力が台頭することとなります。

朝鮮情勢の展開

明治政府は、朝鮮と正式な国交をもとうとし、1876年には日朝修好条規を結びました。日本の動きを牽制しようとした李鴻章は、朝鮮に対して、アメリカとも条約を結ぶように忠告しました。

朝鮮には、日本の明治維新にならって近代化をめざす「開化派」という官僚グループがいました。1884年、開化派は、日本公使館の支持を得ながら甲申政変を起こし、朝鮮の政権をにぎろうとします。しかし、清軍によってすぐにたおされてしまいました。日本も対抗して朝鮮に出兵しましたが、交渉を経て、清・日本ともに軍を引きあげました。

こののち李鴻章は、日本に対抗するために「北洋海軍」の増強につとめました。日本もそれに大きな脅威を感じることがありました。また、朝鮮はホンタイジ（→P6）の時代から清の属国とされながらも、実際には内政は自主的におこなうものとされていました。しかし、李鴻章は朝鮮の政治動向に強く干渉する政策をとるようになりました。

日清戦争

1894年、朝鮮で「東学」という宗教を信じる農民を中心とする反乱が起こると、日清両国は朝鮮に軍を送りました。この農民反乱が朝鮮政府によって鎮圧されると、日本軍と清軍はいったん引きあげることになりました。しかし、日本は「朝鮮政府に改革を進めさせる」として介入を強め、清軍との対立を深めました。

李鴻章は、清の軍事力の劣勢をよく知っており、日本と戦うことには慎重でした。しかし、日本は戦争をくわだて、また清の朝廷でも「戦争するべきだ」と主張する声が多くありました。いよいよ交戦がはじまると、海・陸ともに日本の勝利が続き、なかでも日本は北洋海軍の根拠地だった旅順（現・遼寧省大連市旅順口区）と威海衛（現・山東省威海市）を占領しました。

こうして、李鴻章が全権代表*として山口県下関に渡り、日本と講和交渉をおこないました。1895年4月に調印された下関条約では、次のことなどが定められました。

用語解説
北洋海軍：李鴻章が尽力して整えた海軍。山東省の威海衛を本拠地とした。ドイツに大型艦船を発注するなどして力をたくわえたので、一時は明治政府に脅威をあたえるまでになった。しかし、実際には、日清戦争の海戦では力を発揮できず、日本海軍の攻撃によって事実上壊滅した。

- 朝鮮の独立。
- 遼東半島・台湾・澎湖諸島を日本へ割譲すること。
- 清から日本への賠償金の支払い。

　李鴻章は、ヨーロッパの列強が清と日本の問題に干渉してくることを望み、講和の交渉の過程で条約の内容を各国に伝えていました。これを受けて、ロシアがドイツ、フランスとともに、日本による遼東半島の獲得に反対しました。日本はしぶしぶそれに従い、報償金を得る代わりに遼東半島を清に返しました。

＊政府を代表して外交（条約の締結など）をおこなう権限をあたえられた者。

変法をめざして

　清の官僚たちは、下関条約にふくまれる不利な条件に強く反発し、講和に反対する多くの上奏文（皇帝への意見書）を提出しました。たまたま、1895年の春は、北京で科挙の試験のひとつ・会試がおこなわれる時期で、多くの受験者が都に集まっていました。そのような受験者のひとりだった康有為（1858～1927）は、講和反対、遷都（都を移すこと）による抵抗、変法（政治改革）を主張する上奏文を書きあげ、多くの受験者たちの支持を受けました。この文章が実際に上奏されることはなかったものの、康有為は一躍有名になりました。さらに、康有為は科挙試験にも合格して、進士の地位を得ました。

　その後、康有為とその弟子たちは、変法のために新しいタイプの政治運動をはじめました。それは、「学会」という政治結社をつくり、また雑誌を通じて変法の必要性を宣伝するという方法です。

　朝廷では依然として西太后が権力をにぎっていましたが、同治帝の死後に即位した光緒帝（西太后の甥、在位：1875～1908）は1887年から親政（皇帝自らがおこなう政治）をはじめていました。1898年、康有為は、ついに光緒帝の支持を得て、変法をはじめます。光緒帝は、変法に関する命令を次つぎとくだしました。しかし、この動きは、清の支配体制を急激に変え、混乱を招くものでした。そのため、改革が必要だと考える官僚たちであっても、多くの者が反発しました。このような情勢のなかで、ついに西太后は変法を停止させました。

　それでも、改革が止まったのは一時的なことでした。義和団事件（→第一期1巻P6）を経て、清は1901年、あらたな政治改革をめざす方針を打ちだしました。こうして清は、清の支配体制を守りながらおこなう「改革」と、清そのものをたおそうとする「革命」がせめぎあう、最後の激動の10年間に入っていくことになります。

●清王朝の系図

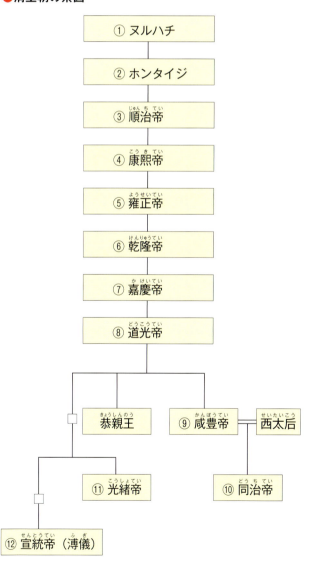

東学：19世紀の朝鮮に生まれた宗教。儒教に仏教・民間信仰などをあわせた教義をもち、多くの信徒を獲得した。しかし、朝鮮王朝はその勢力拡大をおそれて、鎮圧した。1994年、そのなかの一部の者が蜂起したが、それを鎮圧するとして日本が軍を送ったことが、日清戦争の引き金になった。

進士：科挙の最後の段階として、皇帝が試験官となった殿試（→第二期3巻P17）を通過した者にあたえられる称号。この資格を得るとエリート官僚になる予備段階になったことを意味する。

この本に出てくる地名地図

清（18世紀）

*1 現在の瀋陽市。 *2 現在の昆明市。

清（19世紀末）

※黄河下流域の川筋は、歴史上たびたび変化している。

17～19世紀の中国の年表

年	できごと
1616年	女真のヌルハチがアイシン国（後金ともよぶ）を建国する（➡P5）。
1636年	ヌルハチの息子ホンタイジが、国号をダイチン（大清。清ともいう）に変える（➡P6）。
1644年	李自成が反乱軍を率いて北京に攻めいり、明が滅亡。明の将軍・呉三桂の協力を得た清軍が李自成を破り、北京に入城する（➡P7）。
1673年～1681年	三藩の乱が起こる（➡P7）。
1683年	台湾の鄭氏政権が清に降伏し、清が台湾を領有する（➡P7）。
1689年	清とロシアのあいだでネルチンスク条約が結ばれる（➡P12）。
1720年	清がチベットに出兵し、ジューンガルを追いだしてチベットを保護下に置く（➡P9）。
1727年	清とロシアのあいだでキャフタ条約が結ばれる（➡P12）。
1755年	清がジューンガルを滅ぼす（➡P8）。
1759年	清が東トルキスタンを平定する（➡P8）。
1793年	イギリスの使節マカートニーが乾隆帝に謁見する（➡P18）。
1796年～1804年	白蓮教徒の乱が起こる（➡P17）。
1813年	天理教徒の乱が起こる（➡P17）。
1839年～1842年	アヘン戦争が勃発。1842年に戦争を終わらせるための南京条約が結ばれる（➡P19）。
1844年	清がアメリカ・フランスとのあいだで、通商条約を結ぶ（➡P19）。
1851年～1864年	太平天国の乱が起こる（➡P20、21）。
1856年～1860年	1856年のアロー号事件をきっかけに、第二次アヘン戦争が起こる（➡P19）。
1861年	外交を担当する新しい役所として、総理衙門が設置される（➡P28）。
1866年～1878年	左宗棠が、西北方面で起こったムスリム反乱を鎮圧する（➡P29）。
1871年	清と日本のあいだで日清修好条規が成立する（➡P22）。
1872年	上海で、新聞『申報』の発行がはじまる（➡P25）。
1874年	日本が台湾に出兵する（➡P23）。
1878年	上海に旗昌糸廠が創立され、本格的な器械製糸がはじまる（➡P24）。
1883年～1885年	ベトナムをめぐって、清とフランスが戦う（清仏戦争）（➡P29）。
1884年	上海で『点石斎画報』の発行がはじまる（➡P25）。
1894年～1895年	朝鮮で東学の農民反乱が起こり、日本と清が朝鮮に出兵。日清間の対立が深まり、戦争が起こる（日清戦争）。1895年に下関条約が結ばれる（➡P30、31）。
1898年	光緒帝の支持を得て、康有為らが変法（政治改革）を開始。数か月後、西太后が変法を停止させる（➡P31）。

ことがらさくいん

あ行

アイシン国 ·········· 4, 5, 33
アヘン ·········· 17, 18, 19
アヘン戦争 ·········· 18, 19, 20,
24, 28, 33
アメリカ ········ 19, 21, 26, 30, 33
アロー号事件 ·········· 19, 33
イエズス会 ·········· 10, 11
イギリス ········ 13, 18, 19, 21,
23, 25, 28, 33
円明園 ·········· 10, 11

か行

開化派 ·········· 30
回民 ·········· 29
科挙 ········ 9, 11, 20, 21, 31
華僑 ·········· 22, 26, 27
カトリック ·········· 10, 11, 20
漢人 ········ 6, 7, 9, 16, 21
生糸 ·········· 24, 25
旗昌糸廠 ·········· 24, 33
旗人 ·········· 5, 9
キャフタ条約 ·········· 12, 13, 33
キリスト教 ····· 10, 11, 15, 19, 20
金（王朝） ·········· 5
銀 ·········· 4, 14, 18
クーリー ·········· 27
グローバリゼーション ·········· 4
クロテン ·········· 5
啓蒙思想 ·········· 11
客頭 ·········· 27
後金→アイシン国
公使館 ·········· 23, 30
高麗人参 ·········· 5
ゴールドラッシュ ·········· 26
国学 ·········· 15
コンバウン朝 ·········· 13

さ行

祭天 ·········· 9
鎖国 ·········· 14, 22
薩摩藩 ·········· 12, 13
三藩 ·········· 7
三藩の乱 ·········· 7, 14, 33
紫禁城 ·········· 6, 7, 17
士大夫 ·········· 10, 11
下関条約 ·········· 30, 31, 33
ジャーディン・マセソン商会
·········· 24, 25
シャム ·········· 13, 32
ジューンガル ·········· 8, 9, 33
儒教 ········ 9, 11, 15, 31

儒者 ·········· 15
巡撫 ·········· 29
省 ·········· 29
蒸気機関 ·········· 28, 29
湘軍 ·········· 21
常勝軍 ·········· 21
植民地 ·········· 27
女真 ·········· 4, 5, 6, 13, 33
清 ·········· 4, 6, 7, 8, 9, 10, 11, 12,
13, 14, 15, 16, 17, 18, 19,
20, 21, 22, 23, 24, 25, 26,
27, 28, 29, 30, 31, 32, 33
清仏戦争 ·········· 29, 33
『申報』 ·········· 25, 33
瀋陽故宮 ·········· 4
宣教師 ·········· 10, 11, 20
千歳丸 ·········· 22
船政局 ·········· 29
総督 ·········· 29
総理衙門 ·········· 28, 33

た行

大元ウルス ·········· 9
ダイチン（大清）→清
第二次アヘン戦争
·········· 19, 21, 23, 28, 33
太平天国 ········ 20, 21, 28, 29, 33
大陸横断鉄道 ·········· 26
ダライ・ラマ ·········· 9
団練 ·········· 17
チベット仏教 ·········· 9
茶 ·········· 12, 13, 25
チャイナタウン ·········· 26
朝貢 ·········· 13
朝鮮 ········ 4, 6, 13, 30, 31, 33
ツングース系 ·········· 4, 5
天津条約 ·········· 29
『点石斎画報』 ·········· 25, 33
天地会 ·········· 21
デント商会 ·········· 24, 25
天理教徒の乱 ·········· 17, 33
ドイツ ·········· 10, 30, 31
東学 ·········· 30, 31, 33
同郷会館 ·········· 26
唐人 ·········· 14
唐人屋敷 ·········· 14
徳川政権 ·········· 12, 14, 15, 22
土壌流出 ·········· 16
富岡製糸場 ·········· 24

な行

長崎奉行 ·········· 22

南京条約 ·········· 19
日清修好条規 ·········· 22, 23, 33
日清戦争 ········ 21, 30, 31, 33
日朝修好条規 ·········· 30
日本 ········ 4, 13, 14, 15, 22, 23,
24, 25, 30, 31, 32, 33
寧遠城の戦い ·········· 5
ネルチンスク条約 ····· 12, 13, 33
捻軍 ·········· 20, 21

は行

買弁 ·········· 25
幕末志士 ·········· 22
八旗 ·········· 5, 9, 21
白蓮教 ·········· 17
白蓮教徒の乱 ·········· 16, 17, 33
ビルマ ·········· 13, 32
仏教 ·········· 15, 31
フランス
····· 11, 19, 24, 28, 29, 31, 33
プロテスタント ·········· 10, 20
ベトナム ·········· 13, 29, 33
辮髪 ·········· 7
変法 ·········· 31, 33
北洋海軍 ·········· 30

ま行

満洲／満洲人 ·········· 6, 7, 9
ミャオ ·········· 21
明 ·········· 4, 5, 6, 7, 8, 9, 10,
11, 13, 14, 17, 33
『明史』 ·········· 9
ムスリム（イスラム教徒）
·········· 8, 9, 33
明治政府 ·········· 22, 23, 24, 30
モンゴル／モンゴル人 ···· 6, 8, 9

や行

洋行（ヤンハン） ·········· 25

ら行

蘭学 ·········· 15
琉球 ·········· 12, 13, 23
領事 ·········· 22, 23
ロシア ·········· 12, 31, 32, 33
『論語』 ·········· 15

わ行

淮軍 ·········· 21

地名さくいん

あ行

廈門（アモイ） …… 13, 19, 32
威海衛（いかいえい） …… 30, 32
雲南（うんなん） …… 16, 17, 21

か行

カシュガル …… 8, 13, 32
華北（かほく） …… 5, 20, 21
甘粛／甘粛省（かんしゅく／かんしゅくしょう） …… 17, 29
広東／広東省（カントン） …… 17, 20, 21, 26, 27
貴州（きしゅう） …… 17, 21
キャフタ …… 12, 13, 32
広州（こうしゅう） …… 12, 13, 17, 18, 19, 25, 32
広西／広西省（こうせい） …… 17, 20
江南（こうなん） …… 7, 12, 24
黒竜江（こくりゅうこう） …… 12, 13, 32
湖南／湖南省（こなんしょう） …… 17, 21, 29
湖北／湖北省（こほくしょう） …… 16, 17

さ行

山東半島（さんとう） …… 16
四川／四川省（しせん／しせんしょう） …… 16, 17
下関（しものせき） …… 30, 32
上海（シャンハイ） …… 19, 21, 22, 24, 25, 32, 33
首里（しゅり） …… 13

新疆（しんきょう） …… 8, 9, 13, 29, 32
新疆ウイグル自治区（じちく） …… 8
新疆省（しんきょうしょう） …… 29, 32
瀋陽（しんよう） …… 4, 13, 32
盛京（せいけい） …… 13, 32
陝西／陝西省（せんせいしょう） …… 17, 29
ソウル …… 13
外興安嶺（スタノヴォイ山脈）（そとこうあんれい） …… 12, 13, 32

た行

台湾（たいわん） …… 6, 7, 13, 14, 16, 19, 23, 31, 32, 33
チベット …… 8, 9, 13, 32, 33
中央アジア …… 8, 9, 29
長江（ちょうこう） …… 13, 16, 19, 32
朝鮮半島（ちょうせん） …… 5, 32
天京（てんけい） …… 20, 21
天津（てんしん） …… 19, 32
東南アジア …… 13, 26, 27

な行

長崎（ながさき） …… 13, 14, 15, 22, 32
南京（ナンキン） …… 13, 19, 20, 21, 32
寧波（ニンポー） …… 19, 32

ネルチンスク …… 13, 32

は行

函館（はこだて） …… 22, 32
東トルキスタン …… 8, 9, 33
福州（ふくしゅう） …… 13, 19, 29, 32
福建／福建省（ふっけんしょう） …… 16, 17, 26, 27
北京（ペキン） …… 4, 5, 6, 7, 10, 11, 12, 13, 14, 17, 19, 23, 28, 31, 32, 33
澎湖諸島（ほうこしょとう） …… 31
香港（ホンコン） …… 24, 27, 32
香港島（ホンコンとう） …… 19, 25

ま行

マニラ …… 4, 32
無錫（むしゃく） …… 24, 32

や行

横浜（よこはま） …… 22, 32

ら行

ラサ …… 9, 13, 32
遼東半島（りょうとう） …… 16, 31
旅順（りょじゅん） …… 30, 32

人名さくいん

あ行

アダム・シャール …… 10
伊藤博文（いとうひろぶみ） …… 30
隠元（いんげん） …… 14, 15
ウォード …… 21
大河内輝声（おおこうちてるな） …… 23

か行

嘉慶帝（かけいてい） …… 17, 31
カスティリオーネ …… 11
咸豊帝（かんぽうてい） …… 28, 31
恭親王（きょうしんのう） …… 28, 31
乾隆帝（けんりゅうてい） …… 8, 9, 11, 16, 17, 18, 31, 33
康熙帝（こうきてい） …… 7, 8, 10, 11, 12, 31
孔子（こうし） …… 11, 15
洪秀全（こうしゅうぜん） …… 20, 21
光緒帝（こうしょてい） …… 31, 33
康有為（こうゆうい） …… 31, 33
呉三桂（ごさんけい） …… 7, 33
五代友厚（ごだいともあつ） …… 22

さ行

左宗棠（さそうとう） …… 29, 33
西太后（せいたいこう） …… 28, 31, 33
曽国藩（そうこくはん） …… 21, 29

た行

高杉晋作（たかすぎしんさく） …… 22
チンギス・カン …… 8
鄭氏（ていし） …… 14, 33
鄭成功（ていせいこう） …… 6, 7
道光帝（どうこうてい） …… 17, 19, 31
東太后（とうたいこう） …… 28
同治帝（どうちてい） …… 28, 31
徳川家光（とくがわいえみつ） …… 14
徳川吉宗（とくがわよしむね） …… 15
豊臣秀吉（とよとみひでよし） …… 4
ドルゴン …… 6, 7, 10

な行

ヌルハチ …… 4, 5, 6, 31, 33

は行

フェルビースト …… 10
ブリュナ …… 24
フリン（順治帝）（じゅんちてい） …… 6, 7, 31
ホンタイジ …… 4, 6, 30, 31, 33

ま行

マカートニー …… 18, 33
マテオ・リッチ …… 10
陸奥宗光（むつむねみつ） …… 30
メージャー …… 25

や行

ヤークーブ・ベグ …… 29
雍正帝（ようせいてい） …… 8, 11, 12, 31

ら行

李鴻章（りこうしょう） …… 21, 29, 30, 31
李自成（りじせい） …… 6, 7, 33
林則徐（りんそくじょ） …… 17, 19

■監修

西村成雄（にしむら しげお）

1944年大阪府生まれ。大阪外国語大学卒業、東京都立大学大学院人文科学研究科修士課程修了。法学博士（立命館大学）。現在、神戸・孫文記念館副館長、大阪大学名誉教授。著書に『中国近代東北地域史研究』（法律文化社、1984年）、『中国ナショナリズムと民主主義』（研文出版、1991年）、『張学良』（岩波書店、1996年）、『20世紀中国の政治空間』（青木書店、2004年）、『党と国家』（共著、岩波書店、2009年）、『20世紀中国政治史研究』（共著、放送大学教育振興会、2011年）、『中国の近現代史をどう見るか』（岩波書店、2017年）ほか。

■著

吉澤誠一郎（よしざわ せいいちろう）

1968年群馬県生まれ。東京大学文学部卒業、東京大学大学院人文科学研究科修士課程修了。博士（文学）。現在、東京大学大学院人文社会系研究科教授。著書に『天津の近代―清末都市における政治文化と社会統合』（名古屋大学出版会、2002年）、『愛国主義の創成―ナショナリズムから近代中国をみる』（岩波書店、2003年）、『清朝と近代世界』（岩波書店、2010年）ほか。

■編　集　こどもくらぶ（古川裕子）
■デザイン　吉澤光夫（装丁）、高橋博美（本文）
■企画・制作　株式会社エヌ・アンド・エス企画

> この本の情報は、2018年8月までに調べたものです。この本では、中国の人名・地名などは原則として「日本語読み・慣用読み」でふりがなをふっています。

■写真協力

（表紙上段, P6）© Alexey V. Nikolaev ¦ Dreamstime.com
（表紙下段上）ユニフォトプレス
（表紙下段下）University of Texas Libraries
（表紙下段右, P8）© Michael Borgers ¦ Dreamstime.com
（裏表紙）akg-images／アフロ
（P4）© Gaofeiph ¦ Dreamstime.com
（P5 左列上）© Jianghongyan ¦ Dreamstime.com
（P5 左列下）© Sergey Galyamin - 123RF
（p12下）© Nitr ¦ Dreamstime.com
（P19）© Sadık Güleç ¦ Dreamstime.com
（P24）© Hoi Suen Cheung ¦ Dreamstime.com
※上記以外の写真そばに記載のないものは、フリー画像など。

■おもな参考図書

吉澤誠一郎『清朝と近代世界』（岩波新書）岩波書店、2010年
吉澤誠一郎編著『歴史からみる中国』放送大学教育振興会、2013年
岸本美緒『東アジアの「近世」』山川出版社、1998年
岡田英弘、神田信夫、松村潤『紫禁城の栄光―明・清全史』（講談社学術文庫）講談社、2006年
松浦茂『清の太祖　ヌルハチ』白帝社、1995年
杉山清彦『大清帝国の形成と八旗制』名古屋大学出版会、2015年
佐口透『ロシアとアジア草原』吉川弘文館、1966年
坂野正高『近代中国政治外交史―ヴァスコ・ダ・ガマから五四運動まで』東京大学出版会、1973年
岡本さえ『イエズス会と中国知識人』山川出版社、2008年
大庭脩『徳川吉宗と康熙帝―鎖国下での日中交流』大修館書店、1999年
彭浩『近世日清通商関係史』東京大学出版会、2015年
山田賢『移住民の秩序―清代四川地域社会史研究』名古屋大学出版会、1995年
小島晋治『洪秀全と太平天国』（岩波現代文庫）岩波書店、2001年
村上衛『海の近代中国―福建人の活動とイギリス・清朝』名古屋大学出版会、2013年
岡本隆司『近代中国と海関』名古屋大学出版会、1999年
岡本隆司『世界のなかの日清韓関係史―交隣と属国、自主と独立』（講談社選書メチエ 420）講談社、2008年

中国の歴史・現在がわかる本　第三期③　17～19世紀の中国

2018年10月10日　　第1刷発行

NDC222

監修者	西村　成雄
著　者	吉澤　誠一郎
発行者	竹村　正治
発行所	株式会社かもがわ出版
	〒602-8119　京都市上京区堀川通出水西入
	営業部：075-432-2868　FAX：075-432-2869
	編集部：075-432-2934　FAX：075-417-2114
	振替　01010-5-12436
	http://www.kamogawa.co.jp/
印刷所	凸版印刷株式会社

©Seiichiro Yoshizawa 2018
Printed in Japan

36p 31cm
無断複写複製（コピー）を禁ず
ISBN978-4-7803-0884-6
C8322

中国の歴史★現在がわかる本
（NDC222）

中国が世界での存在感を高めている今、日本人は中国・中国人についてもっと理解し、よりよい関係を築く方法を考えなければなりません。このシリーズは、中国が中国として成立していく過程に着目したあらたな構成で、古代から現在までをふりかえります。

監修／西村成雄（第一期全巻、第三期3巻）
渡辺信一郎（第二期全巻、第三期1・2巻）

★第一期★

1 **20世紀前半の中国** 著／貴志俊彦

2 **20世紀後半の中国** 著／日野みどり

3 **21世紀の中国** 著／阿古智子

★第二期★

1 **紀元前から中国ができるまで** 著／目黒杏子

2 **2度目の中国ができるまで** 著／岡田和一郎

3 **13世紀までの中国** 著／山崎覚士

★第三期★

1 **13〜14世紀の中国** 著／吉野正史

2 **14〜17世紀の中国** 著／田口宏二朗

3 **17〜19世紀の中国** 著／吉澤誠一郎